Friedrich Nietzsche

Über Wahrheit und Lüge

Ein Essay, Aphorismen
und Briefe

Herausgegeben
von Steffen Dietzsch

Insel Verlag

Insel-Bücherei Nr. 1207

Bezugspapier: Tunkpapier, Maria Rassow, 1908
Deutsches Buch- und Schriftmuseum der
Deutschen Bücherei Leipzig
Inventar-Nr. 12/3093 (Sammlung Bartsch)
Satz: Hümmer GmbH, Waldbüttelbrunn
Schrift: Stempel-Garamond
Druck: Nomos Verlagsgesellschaft, Baden-Baden
Printed in Germany
ISBN 3-458-19207-7
Erste Auflage 2000

1 2 3 4 5 6 – 05 04 03 02 01 00

Statt eines Vorwortes

Nicht also hältst für häßlich du das Lügen? / Nicht in dem Fall, daß Lüge Rettung bringt.
Sophokles, Philoktet (409 v.u.Z.)

Man muß ein gutes Gedächtnis haben, nachdem man gelogen hat.
Pierre Corneille, Le Menteur (1644)

Lügen ist die Muttersprache unserer Vernunft und [unseres] Witzes.
Johann Georg Hamann an Immanuel Kant (27. Juli 1759)

Und ist es nicht entsetzlich zu denken, entsetzlich zu sagen, – die Lüge ist ursprünglich verwachsen mit der Wahrheit!
Johann Friedrich Herbart, Gespräche über das Böse (1817)

Jedoch mein Herz, von Wahrheit wundgequält, / Dem Maske nur und Schein die Welt versüßt. / Fragt nicht, ob töricht du und unbeseelt, / Die Schönheit bet' ich an! Sei mit gegrüßt!
Charles Baudelaire, L'Amour du Mensonge (1857)

Ihr wißt, ich hasse und verabscheue die Lüge, kann sie nicht ertragen, nicht weil ich aufrichtiger bin als der Rest von uns, sondern weil etwas vom Makel des Todes, vom Beigeschmack der Sterblichkeit in der Lüge ist.
Joseph Conrad, Heart of Darkness (1902)

Indem sie einander belügen, werden die Menschen zu etwas anderm, als sie sind; man verkehrt schließlich nur mit Charaktermasken oder Gespenstern.

August Strindberg, Die Natur der Lüge (1912)

Lügen mit glücklichen Umständen avancieren zu Staatslegenden.

Stanislaw Jerzy Lec, Epigramme (1936-1966)

Lügen ist ein Sprachspiel, man muß es lernen wie jedes andere.

Ludwig Wittgenstein, Philosophische Untersuchungen (1945)

Über Wahrheit und Lüge im außermoralischen Sinne [1873]

I.

In irgend einem abgelegenen Winkel des in zahllosen Sonnensystemen flimmernd ausgegossenen Weltalls gab es einmal ein Gestirn, auf dem kluge Tiere das Erkennen erfanden. Es war die hochmütigste und verlogenste Minute der »Weltgeschichte«: aber doch nur eine Minute. Nach wenigen Atemzügen der Natur erstarrte das Gestirn, und die klugen Tiere mußten sterben. – So könnte Jemand eine Fabel erfinden und würde doch nicht genügend illustriert haben, wie kläglich, wie schattenhaft und flüchtig, wie zwecklos und beliebig sich der menschliche Intellekt innerhalb der Natur ausnimmt; es gab Ewigkeiten, in denen er nicht war; wenn es wieder mit ihm vorbei ist, wird sich nichts begeben haben. Denn es gibt für jenen Intellekt keine weitere Mission, die über das Menschenleben hinausführte. Sondern menschlich ist er, und nur sein Besitzer und Erzeuger nimmt ihn so pathetisch, als ob die Angeln der Welt sich in ihm drehten. Könnten wir uns aber mit der Mücke verständigen, so würden wir vernehmen, dass auch sie mit diesem Pathos durch die Luft schwimmt und in sich das fliegende Centrum dieser Welt fühlt. Es ist nichts so verwerflich und gering in der Natur, was nicht durch einen kleinen Anhauch jener Kraft des Erkennens sofort wie ein Schlauch aufgeschwellt würde; und wie jeder Lastträger seinen Bewunderer haben will, so meint gar der stolzeste Mensch, der Philosoph, von allen Seiten die Augen des Weltalls teleskopisch auf sein Handeln und Denken gerichtet zu sehen.

Es ist merkwürdig, daß dies der Intellekt zu Stande bringt, er, der doch gerade nur als Hülfsmittel den unglücklichsten delikatesten vergänglichsten Wesen beigegeben ist, um sie eine Minute im Dasein festzuhalten; aus dem sie sonst, ohne jene Beigabe, so schnell wie Lessings Sohn zu flüchten allen Grund hätten. Jener mit dem Erkennen und Empfinden verbundene Hochmut, verblendende Nebel über die Augen und Sinne der Menschen legend, täuscht sie also über den Wert des Daseins, dadurch dass er über das Erkennen selbst die schmeichelhafteste Wertschätzung in sich trägt. Seine allgemeinste Wirkung ist Täuschung – aber auch die einzelsten Wirkungen tragen etwas von gleichem Charakter an sich.

Der Intellekt, als ein Mittel zur Erhaltung des Individuums, entfaltet seine Hauptkräfte in der Verstellung; denn diese ist das Mittel, durch das die schwächeren, weniger robusten Individuen sich erhalten, als welchen einen Kampf um die Existenz mit Hörnern oder scharfem Raubtier-Gebiß zu führen versagt ist. Im Menschen kommt diese Verstellungskunst auf ihren Gipfel: hier ist die Täuschung, das Schmeicheln, Lügen und Trügen, das Hinter-dem-Rücken-Reden, das Repräsentieren, das im erborgten Glanze Leben, das Maskiertsein, die verhüllende Convention, das Bühnenspiel vor Anderen und vor sich selbst, kurz das fortwährende Herumflattern um die eine Flamme Eitelkeit so sehr die Regel und das Gesetz, daß fast nichts unbegreiflicher ist, als wie unter den Menschen ein ehrlicher und reiner Trieb zur Wahrheit aufkommen konnte. Sie sind tief eingetaucht in Illusionen und Traumbilder, ihr Auge gleitet nur auf der Oberfläche der Dinge herum und sieht »Formen«, ihre Empfindung führt nirgends in die Wahrheit, sondern begnügt sich Reize zu empfangen und gleichsam ein tastendes Spiel auf dem Rücken der Dinge zu spielen. Dazu läßt sich der Mensch Nachts, ein Leben hindurch, im Traume belügen, ohne dass sein moralisches Gefühl dies je zu verhindern suchte: während es Menschen geben soll, die durch starken Willen das Schnarchen beseitigt haben. Was weiß der Mensch eigentlich von sich selbst! Ja, vermöchte er auch nur sich einmal vollständig, hingelegt wie in einen erleuchteten Glaskasten, zu percipieren? Verschweigt die Natur ihm nicht das Allermeiste, selbst über seinen Körper, um ihn, abseits von den Windungen der Gedärme, dem raschen Fluss der Blutströme, den verwikkelten Fasererzitterungen, in ein stolzes gauklerisches Bewußtsein zu bannen und einzuschließen! Sie warf den Schlüssel weg: und wehe der verhängnisvollen Neubegier, die durch eine Spalte einmal aus dem Bewusstseinszimmer heraus und hinab zu sehen vermöchte und die jetzt ahnte, dass auf dem Erbarmungslosen, dem Gierigen, dem Unersättlichen, dem Mörderischen der Mensch ruht, in der Gleichgültigkeit seines Nichtwissens, und gleichsam auf dem Rücken eines Tigers in Träumen hängend. Wo her, in aller Welt, bei dieser Constellation der Trieb zur Wahrheit!

Soweit das Individuum sich gegenüber andern Individuen erhalten will, benutzte es in einem natürlichen Zustande der Dinge den Intellekt zumeist nur zur Verstellung: weil aber der Mensch zugleich aus Not und Langeweile gesellschaftlich und herdenweise existieren will, braucht er einen Friedensschluss und trachtet darnach dass wenigstens das allergröbste bellum omnium contra omnes aus seiner Welt verschwinde. Dieser Friedensschluß bringt aber etwas mit sich, was wie der erste Schritt zur Erlangung jenes rätselhaften Wahrheitstriebes aussieht. Jetzt wird nämlich das fixiert, was von nun an »Wahrheit« sein soll d. h. es wird eine gleichmäßig gültige und verbindliche Bezeichnung der Dinge erfunden und die Gesetzgebung der Sprache gibt auch die ersten Gesetze der Wahrheit: denn es entsteht hier zum ersten Male der Contrast von Wahrheit und Lüge: der Lügner gebraucht die gültigen Bezeichnungen, die Worte, um das Unwirkliche als wirklich erscheinen zu machen; er sagt z. B. ich bin reich, während für diesen Zustand gerade »arm« die richtige Bezeichnung wäre. Er missbraucht die festen Conventionen durch beliebige Vertauschungen oder gar Umkehrungen der Namen. Wenn er dies in eigennütziger und übrigens Schaden bringender Weise tut, so wird ihm die Gesellschaft nicht mehr trauen und ihn dadurch von sich ausschließen. Die Menschen fliehen dabei das Betrogenwerden nicht so sehr, als das Beschädigtwerden durch Betrug. Sie hassen auch auf dieser Stufe im Grunde nicht die Täuschung, sondern die schlimmen, feindseligen Folgen gewisser Gattungen von Täuschungen. In einem ähnlichen beschränkten Sinne will der Mensch auch nur die Wahrheit. Er begehrt die angenehmen, Leben erhaltenden Folgen der Wahrheit; gegen die reine folgenlose Erkenntnis ist er gleichgültig, gegen die vielleicht schädlichen und zerstörenden Wahrheiten sogar feindlich gestimmt. Und überdies: wie steht es mit jenen Conventionen der Sprache? Sind sie vielleicht Erzeugnisse der Erkenntnis, des Wahrheitssinnes: decken sich die Bezeichnungen und die Dinge? Ist die Sprache der adäquate Ausdruck aller Realitäten?

Nur durch Vergeßlichkeit kann der Mensch je dazu kommen zu wähnen: er besitze eine Wahrheit in dem eben bezeichneten Grade. Wenn er sich nicht mit der Wahrheit in der Form der Tautologie d. h. mit leeren Hülsen begnügen will, so wird er ewig Illusionen für Wahrheiten einhandeln. Was ist ein Wort? Die Abbildung eines Nervenreizes in Lauten. Von dem Nervenreiz aber weiterzuschließen auf eine Ursache außer uns, ist bereits das Resultat einer falschen und unberechtigten Anwendung des Satzes vom Grunde. Wie dürften wir, wenn die Wahrheit bei der Genesis der Sprache, der Gesichtspunkt der Gewißheit bei den Bezeichnungen allein entscheidend gewesen wäre, wie dürften wir doch sagen: der Stein ist hart: als ob uns »hart« noch sonst bekannt wäre und nicht nur als eine ganz subjektive Reizung! Wir teilen die Dinge nach Geschlechtern ein, wir bezeichnen den Baum als männlich, die Pflanze als weiblich: welche willkürlichen Übertragungen! Wie weit hinausgeflogen über den Canon der Gewißheit! Wir reden von einer Schlange: die Bezeichnung trifft nichts als das Sichwinden, könnte also auch dem Wurme zukommen. Welche willkürlichen Abgrenzungen, welche einseitigen Bevorzugungen bald der bald jener Eigenschaft eines Dinges! Die verschiedenen Sprachen neben einander gestellt zeigen, dass es bei den Worten nie auf die Wahrheit, nie auf einen adäquaten Ausdruck ankommt: denn sonst gäbe es nicht so viele Sprachen. Das »Ding an sich« (das würde eben die reine folgenlose Wahrheit sein) ist auch dem Sprachbildner ganz unfasslich und ganz und gar nicht erstrebenswert. Er bezeichnet nur die Relationen der Dinge zu den Menschen und nimmt zu deren Ausdrucke die kühnsten Metaphern zu Hülfe. Ein Nervenreiz zuerst übertragen in ein Bild! erste Metapher. Das Bild wieder nachgeformt in einem Laut! Zweite Metapher. Und jedesmal vollständiges Überspringen der Sphäre, mitten hinein in eine ganz andere und neue. Man kann sich einen Menschen denken, der ganz taub ist und nie eine Empfindung des Tones und der Musik gehabt hat: wie dieser etwa die Chladnischen Klangfiguren im Sande anstaunt, ihre Ursachen im Erzittern der Saite findet und nun darauf schwören wird, jetzt müsse er wissen, was die Menschen den Ton nennen, so geht es uns allen mit der Sprache. Wir glauben etwas von den Dingen selbst zu wissen, wenn wir von Bäumen, Farben, Schnee und Blumen reden und besitzen doch nichts als Metaphern der Dinge, die den ursprünglichen Wesenheiten ganz und gar nicht entsprechen. Wie der Ton als Sandfigur, so nimmt sich das rätselhafte X des Dings an sich einmal als Nervenreiz, dann als Bild, endlich als Laut aus. Logisch geht es also jedenfalls nicht bei der Entstehung der Sprache zu, und das ganze Material worin und womit später der Mensch der Wahrheit, der Forscher, der Philosoph arbeitet und baut, stammt, wenn nicht aus Wolkenkuckucksheim, so doch jedenfalls nicht aus dem Wesen der Dinge.

Denken wir besonders noch an die Bildung der Begriffe: jedes Wort wird sofort dadurch Begriff, daß es eben nicht für das einmalige ganz und gar individualisierte Urerlebnis, dem es sein Entstehen verdankt, etwa als Erinnerung dienen soll, sondern zugleich für zahllose, mehr oder weniger ähnliche, d. h. streng genommen niemals gleiche, also auf lauter ungleiche Fälle passen muß. Jeder Begriff entsteht durch Gleichsetzen des Nicht-Gleichen. So gewiß nie ein Blatt einem anderen ganz gleich ist, so gewiss ist der Begriff Blatt durch beliebiges Fallenlassen dieser individuellen Verschiedenheiten, durch ein Vergessen des Unterscheidenden gebildet und erweckt nun die Vorstellung, als ob es in der Natur außer den Blättern etwas gäbe, das »Blatt« wäre, etwa eine Urform, nach der alle Blätter gewebt, gezeichnet, abgezirkelt, gefärbt, gekräuselt, bemalt wären, aber von ungeschickten Händen, so dass kein Exemplar correkt und zuverlässig als treues Abbild der Urform ausgefallen wäre. Wir nennen einen Menschen ehrlich; warum hat er heute so ehrlich gehandelt? fragen wir. Unsere Antwort pflegt zu lauten: seiner Ehrlichkeit wegen. Die Ehrlichkeit! das heißt wieder: das Blatt ist die Ursache der Blätter. Wir wissen ja gar nichts von einer wesenhaften Qualität, die die Ehrlichkeit hieße, wohl aber von zahlreichen individualisierten, somit ungleichen Handlungen, die wir durch Weglassen des Ungleichen gleichsetzen und jetzt als ehrliche Handlungen bezeichnen; zuletzt formulieren wir aus ihnen eine qualitas occulta mit dem Namen: die Ehrlichkeit.

Das Übersehen des Individuellen und Wirklichen gibt uns den Begriff, wie es uns auch die Form gibt, wohingegen die Natur keine Formen und Begriffe, also auch keine Gattungen kennt, sondern nur ein für uns unzugängliches und undefinierbares X. Denn auch unser Gegensatz von Individuum und Gattung ist anthropomorphisch und entstammt nicht dem Wesen der Dinge, wenn wir auch nicht zu sagen wagen, daß er ihm nicht entspricht: das wäre nämlich eine dogmatische Behauptung und als solche ebenso unerweislich wie ihr Gegenteil.

Was ist also Wahrheit? Ein bewegliches Heer von Metaphern, Metonymien, Anthropomorphismen kurz eine Summe von menschlichen Relationen, die, poetisch und rhetorisch gesteigert, übertragen, geschmückt wurden, und die nach langem Gebrauche einem Volke fest, canonisch und verbindlich dünken: die Wahrheiten sind Illusionen, von denen man vergessen hat, dass sie welche sind, Metaphern, die abgenutzt und sinnlich kraftlos geworden sind, Münzen, die ihr Bild verloren haben und nun als Metall, nicht mehr als Münzen in Betracht kommen. Wir wissen immer noch nicht, woher der Trieb zur Wahrheit stammt: denn bis jetzt haben wir nur von der Verpflichtung gehört, die die Gesellschaft, um zu existieren, stellt, wahrhaft zu sein, d.h. die usuellen Metaphern zu brauchen, also moralisch ausgedrückt: von der Verpflichtung nach einer festen Convention zu lügen, scharenweise in einem für alle verbindlichen Stile zu lügen. Nun vergißt freilich der Mensch, daß es so mit ihm steht; er lügt also in der bezeichneten Weise unbewußt und nach hundertjährigen Gewöhnungen – und kommt eben *durch diese Unbewußtheit*, eben durch dies Vergessen zum Gefühl der Wahrheit. An dem Gefühl verpflichtet zu sein, ein Ding als rot, ein anderes als kalt, ein drittes als stumm zu bezeichnen, erwacht eine moralische auf Wahrheit sich beziehende Regung: aus dem Gegensatz des Lügners, dem Niemand traut, den alle ausschließen, demonstriert sich der Mensch das Ehrwürdige, Zutrauliche und Nützliche der Wahrheit. Er stellt jetzt sein Handeln als *vernünftiges* Wesen unter die Herrschaft der Abstractionen: er leidet es nicht mehr, durch die plötzlichen Eindrücke, durch die Anschauungen fortgerissen zu werden, er verallgemeinert alle diese Eindrücke erst zu entfärbteren, kühleren Begriffen, um an sie das Fahrzeug seines Lebens und Handelns anzuknüpfen. Alles, was den Menschen gegen das Tier abhebt, hängt von dieser Fähigkeit ab, die anschaulichen Metaphern zu einem Schema zu verflüchtigen also ein Bild in einen Begriff aufzulösen; im

Bereich jener Schemata nämlich ist etwas möglich, was niemals unter den anschaulichen ersten Eindrücken gelingen möchte: eine pyramidale Ordnung nach Kasten und Graden aufzubauen, eine neue Welt von Gesetzen, Privilegien, Unterordnungen, Grenzbestimmungen zu schaffen, die nun der anderen anschaulichen Welt der ersten Eindrücke gegenübertritt, als das Festere, Allgemeinere, Bekanntere, Menschlichere und daher als das Regulierende und Imperativische. Während jede Anschauungsmetapher individuell und ohne ihres Gleichen ist und deshalb allem Rubricieren immer zu entfliehen weiß, zeigt der große Bau der Begriffe die starre Regelmäßigkeit eines römischen Columbariums und atmet in der Logik jene Strenge und Kühle aus, die der Mathematik zu eigen ist. Wer von dieser Kühle angehaucht wird, wird es kaum glauben, dass auch der Begriff, knöchern und 8eckig wie ein Würfel und versetzbar wie jener, doch nur als das *Residuum einer Metapher* übrig bleibt, und dass die Illusion der künstlerischen Übertragung eines Nervenreizes in Bilder, wenn nicht die Mutter so doch die Großmutter eines jeden Begriffs ist. Innerhalb dieses Würfelspiels der Begriffe heißt aber »Wahrheit« – jeden Würfel so zu gebrauchen, wie er bezeichnet ist; genau seine Augen zu zählen, richtige Rubriken zu bilden und nie gegen die Kastenordnung und gegen die Reihenfolge der Rangklassen zu verstoßen. Wie die Römer und Etrusker sich den Himmel durch starre mathematische Linien zerschnitten und in einen solchermaßen abgegrenzten Raum als in ein templum einen Gott bannten, so hat jedes Volk über sich einen solchen mathematisch zerteilten Begriffshimmel und versteht nun unter der Forderung der Wahrheit, dass jeder Begriffsgott nur in *seiner*

Sphäre gesucht werde. Man darf hier den Menschen wohl bewundern als ein gewaltiges Baugenie, dem auf beweglichen Fundamenten und gleichsam auf fließendem Wasser das Auftürmen eines unendlich complicierten Begriffsdomes gelingt; freilich, um auf solchen Fundamenten Halt zu finden, muß es ein Bau, wie aus Spinnefäden sein, so zart, um von der Welle mit fortgetragen, so fest, um nicht von dem Winde auseinander geblasen zu werden. Als Baugenie erhebt sich solcher Maßen der Mensch weit über die Biene: diese baut aus Wachs, das sie aus der Natur zusammenholt, er aus dem weit zarteren Stoffe der Begriffe, die er erst aus sich fabricieren muß. Er ist hier sehr zu bewundern – aber nur nicht wegen seines Triebes zur Wahrheit, zum reinen Erkennen der Dinge. Wenn Jemand ein Ding hinter einem Busche versteckt, es eben dort wieder sucht und auch findet, so ist an diesem Suchen und Finden nicht viel zu rühmen: so aber steht es mit dem Suchen und Finden der »Wahrheit« innerhalb des Vernunft-Bezirkes. Wenn ich die Definition des Säugetiers mache und dann erkläre, nach Besichtigung eines Kamels: Siehe, ein Säugetier, so wird damit eine Wahrheit zwar an das Licht gebracht, aber sie ist von begrenztem Werte, ich meine, sie ist durch und durch anthropomorphisch und enthält keinen einzigen Punkt, der »wahr an sich«, wirklich und allgemeingültig, abgesehen von dem Menschen, wäre. Der Forscher nach solchen Wahrheiten sucht im Grunde nur die Metamorphose der Welt in den Menschen; er ringt nach einem Verstehen der Welt als eines menschenartigen Dinges und erkämpft sich besten Falls das Gefühl einer Assimilation. Ähnlich wie der Astrolog die Sterne im Dienste der Menschen und im Zusammenhange mit ihrem Glück und Leide betrachtet, so betrachtet ein solcher Forscher die ganze Welt als geknüpft an den Menschen, als den unendlich gebrochenen Widerklang eines Urklanges, des Menschen, als das vervielfältigte Abbild des einen Urbildes, des Menschen. Sein Verfahren ist: den Menschen als Maß an alle Dinge zu halten, wobei er aber von dem Irrtume ausgeht, zu glauben, er habe diese Dinge unmittelbar als reine Objekte vor sich. Er vergisst also die originalen Anschauungsmetaphern als Metaphern und nimmt sie als die Dinge selbst.

Nur durch das Vergessen jener primitiven Metapherwelt, nur durch das Hart- und Starr-Werden einer ursprünglich in hitziger Flüssigkeit aus dem Urvermögen menschlicher Phantasie hervorströmenden Bildermasse, nur durch den unbesiegbaren Glauben, *diese* Sonne, *dieses* Fenster, *dieser* Tisch sei eine Wahrheit an sich, kurz nur dadurch, daß der Mensch sich als Subjekt und zwar als *künstlerisch schaffendes* Subjekt vergißt, lebt er mit einiger Ruhe, Sicherheit und Consequenz; wenn er einen Augenblick nur aus den Gefängniswänden dieses Glaubens heraus könnte, so wäre es sofort mit seinem »Selbstbewußtsein« vorbei. Schon dies kostet ihm Mühe, sich einzugestehen, wie das Insekt oder der Vogel eine ganz andere Welt percipieren als der Mensch, und dass die Frage, welche von beiden Weltperceptionen richtiger ist, eine ganz sinnlose ist, da hierzu bereits mit dem Maßstabe der *richtigen Perception* d.h. mit einem *nicht vorhandenen* Maßstabe gemessen werden müsste. Überhaupt aber scheint mir die richtige Perception – das würde heißen der adäquate Ausdruck eines Objekts im Subjekt – ein widerspruchsvolles Unding: denn zwischen zwei absolut verschiedenen Sphären wie zwischen Subjekt und Objekt gibt es keine Causalität, keine Richtigkeit, keinen Ausdruck, sondern höchstens ein *ästhetisches* Verhalten, ich meine eine andeutende Übertragung, eine nachstammelnde Übersetzung in eine ganz fremde Sprache. Wozu es aber jedenfalls einer frei dichtenden und frei erfindenden Mittel-Sphäre und Mittelkraft bedarf. Das Wort Erscheinung enthält viele Verführungen, weshalb ich es möglichst vermeide: denn es ist nicht wahr, daß das Wesen der Dinge in der empirischen Welt erscheint. Ein Maler, dem die Hände fehlen und der durch Gesang das ihm vorschwebende Bild ausdrücken wollte, wird immer noch mehr bei dieser Vertauschung der Sphären verraten, als die empirische Welt vom Wesen der Dinge verrät. Selbst das Verhältnis eines Nervenreizes zu dem hervorgebrachten Bilde ist an sich kein notwendiges; wenn aber eben dasselbe Bild Millionen Mal hervorgebracht und durch viele Menschengeschlechter hindurch vererbt ist, ja zuletzt bei der gesamten Menschheit jedesmal in Folge desselben Anlasses erscheint, so bekommt es endlich für den Menschen dieselbe Bedeutung, als ob es das einzig notwendige Bild sei und als ob jenes Verhältnis des ursprünglichen Nervenreizes zu dem hergebrachten Bilde ein strenges Causalitätsverhältnis sei; wie ein Traum, ewig wiederholt, durchaus als Wirklichkeit empfunden und beurteilt werden würde. Aber das Hart- und Starr-Werden einer Metapher verbürgt durchaus nichts für die Notwendigkeit und ausschließliche Berechtigung dieser Metapher. Es hat gewiss jeder Mensch, der in solchen Betrachtungen heimisch ist, gegen jeden derartigen Idealismus ein tiefes Mißtrauen empfunden, so oft er sich einmal recht deutlich von der ewigen Consequenz, Allgegenwärtigkeit und Unfehlbarkeit der Naturgesetze überzeugte; er hat den Schluß gemacht: hier ist alles, soweit wir dringen, nach der Höhe der teleskopischen und nach der Tiefe der mikroskopischen Welt, so sicher, ausgebaut, endlos, gesetzmäßig und ohne Lücken; die Wissenschaft wird ewig in diesen Schachten mit Erfolg zu graben haben und alles Gefundene wird zusammenstimmen und sich nicht widersprechen. Wie wenig gleicht dies einem Phantasieerzeugnis: denn wenn es dies wäre, müsste es doch irgendwo den Schein und die Unrealität erraten lassen. Dagegen ist einmal zu sagen: hätten wir noch, jeder für sich eine verschiedenartige Sinnesempfindung, könnten wir selbst nur bald als Vogel, bald als Wurm, bald als Pflanze percipieren, oder sähe der eine von uns denselben Reiz als rot, der andere als blau, hörte ein Dritter ihn sogar als Ton, so würde niemand von einer solchen Gesetzmäßigkeit der Natur reden, sondern sie nur als ein höchst subjectives Gebilde begreifen. Sodann: was ist für uns überhaupt ein Naturgesetz; es ist uns nicht an sich bekannt, sondern nur in seinen Wirkungen d. h. in seinen Relationen zu anderen Naturgesetzen, die uns wieder nur als Relationen bekannt sind. Also verweisen alle diese Relationen immer nur wieder auf einander und sind uns ihrem Wesen nach unverständlich durch und durch; nur das, was wir hinzubringen, die Zeit, der Raum, also Successionsverhältnisse und Zahlen sind uns wirklich daran bekannt. Alles Wunderbare aber, das wir gerade an den Naturgesetzen anstaunen, das unsere Erklärung fordert und uns zum Mißtrauen gegen den Idealismus verführen könnte, liegt gerade und ganz allein nur in der mathematischen Strenge und Unverbrüchlichkeit der Zeit- und Raum-Vorstellungen. Diese aber producieren wir in uns und aus uns mit jener Notwendigkeit, mit der die Spinne spinnt; wenn wir gezwungen sind, alle Dinge nur unter diesen Formen zu begreifen, so ist es dann nicht mehr wunderbar, daß wir an allen Dingen eigentlich nur eben diese Formen begreifen: denn sie alle müssen die Gesetze der Zahl an sich tragen, und die Zahl gerade ist das Erstaunlichste in den Dingen. Alle Gesetzmäßigkeit, die uns im Sternenlauf und im chemischen Process so imponiert, fällt im Grund mit jenen Eigenschaften zusammen, die wir selbst an die Dinge heranbringen, so daß wir damit uns selber imponieren. Dabei ergibt sich allerdings, daß jene künstlerische Metapherbildung, mit der in uns jede Empfindung beginnt, bereits jene Formen voraussetzt, also in ihnen vollzogen wird; nur aus dem festen Verharren dieser Urformen erklärt sich die Möglichkeit, wie nachher wieder aus den Metaphern selbst ein Bau der Begriffe constituiert werden sollte. Dieser ist nämlich eine Nachahmung der Zeit- Raum- und Zahlenverhältnisse auf dem Boden der Metaphern.

2.

An dem Bau der Begriffe arbeitet ursprünglich, wie wir sahen, die *Sprache*, in späteren Zeiten die *Wissenschaft*. Wie die Biene zugleich an den Zellen baut und die Zellen mit Honig füllt, so arbeitet die Wissenschaft unaufhaltsam an jenem großen Columbarium der Begriffe, der Begräbnisstätte der Anschauung, baut immer neue und höhere Stockwerke, stützt, reinigt, erneut die alten Zellen, und ist vor allem bemüht, jenes in's Ungeheure aufgetürmte Fachwerk zu füllen und die ganze empirische Welt d.h. die anthropomorphische Welt hineinzuordnen. Wenn schon der handelnde Mensch sein Leben an die Vernunft und ihre Begriffe bindet, um nicht fortgeschwemmt zu werden und sich nicht selbst zu verlieren, so baut der Forscher seine Hütte dicht an den Thurmbau der Wissenschaft, um an ihm mithelfen zu können und selbst Schutz unter dem vorhandenen Bollwerk zu finden. Und Schutz braucht er: denn es gibt furchtbare Mächte, die fortwährend auf ihn eindringen, und die der wissenschaftlichen Wahrheit ganz anders geartete »Wahrheiten« mit den verschiedenartigsten Schildzeichen entgegenhalten.

Jener Trieb zur Metapherbildung, jener Fundamentaltrieb des Menschen, den man keinen Augenblick wegrechnen kann, weil man damit den Menschen selbst wegrechnen würde, ist dadurch, daß aus seinen verflüchtigten Erzeugnissen, den Begriffen, eine reguläre und starre neue Welt als eine Zwingburg für ihn gebaut wird, in Wahrheit nicht bezwungen und kaum gebändigt. Er sucht sich ein neues Bereich seines Wirkens und ein anderes Flußbette und findet es im Mythus und überhaupt in der Kunst. Fortwährend verwirrt er die Rubriken und Zellen der Begriffe dadurch dass er neue Übertragungen, Metaphern, Metonymien hinstellt, fortwährend zeigt er die Begierde, die vorhandene Welt des wachen Menschen so bunt unregelmäßig folgenlos unzusammenhängend, reizvoll und ewig neu zu gestalten, wie es die Welt des Traumes ist. An sich ist ja der wache Mensch nur durch das starre und regelmäßige Begriffsgespinst darüber im Klaren, dass er wache, und kommt eben deshalb mitunter in den Glauben, er träume, wenn jenes Begriffsgespinst einmal durch die Kunst zerrissen wird. Pascal hat Recht, wenn er behauptet, dass wir, wenn uns jede Nacht derselbe Traum käme, davon eben so beschäftigt würden, als von den Dingen, die wir jeden Tag sehen: »Wenn ein Handwerker gewiss wäre jede Nacht zu träumen volle zwölf Stunden hindurch, daß er König sei, so glaube ich, sagt Pascal, daß er eben so glücklich wäre, als ein König welcher alle Nächte während zwölf Stunden träumte er sei Handwerker«. Der wache Tag eines mythisch erregten Volkes, etwa der älteren Griechen, ist durch das fortwährend wirkende Wunder, wie es der Mythus annimmt, in der Tat dem Traume ähnlicher als dem Tag des wissenschaftlich ernüchterten Denkers. Wenn jeder Baum einmal als Nymphe reden oder unter der Hülle eines Stieres ein Gott Jungfrauen wegschleppen kann, wenn die Göttin Athene selbst plötzlich gesehen wird, wie sie mit einem schönen Gespann in der Begleitung des Pisistratus durch die Märkte Athens fährt – und das glaubte der ehrliche Athener – so ist in jedem Augenblicke, wie im Traume, alles möglich, und die ganze Natur umschwärmt den Menschen, als ob sie nur die Maskerade der Götter wäre, die sich nur einen Scherz daraus machten, in allen Gestalten den Menschen zu täuschen.

Der Mensch selbst aber hat einen unbesiegbaren Hang, sich täuschen zu lassen und ist wie bezaubert vor Glück, wenn der Rhapsode ihm epische Märchen wie wahr erzählt oder der Schauspieler im Schauspiel den König noch königlicher agiert, als ihn die Wirklichkeit zeigt. Der Intellekt, jener Meister der Verstellung, ist so lange frei, und seinem sonstigen Sklavendienste enthoben, als er täuschen kann, ohne zu *schaden* und feiert dann seine Saturnalien; nie ist er üppiger, reicher, stolzer, gewandter und verwegener. Mit schöpferischem Behagen wirft er die Metaphern durcheinander und verrückt die Grenzsteine der Abstraktion, so daß er z. B. den Strom als den beweglichen Weg bezeichnet, der den Menschen trägt, dorthin, wohin er sonst geht. Jetzt hat er das Zeichen der Dienstbarkeit von sich geworfen: sonst mit trübsinniger Geschäftigkeit bemüht, einem armen Individuum, dem es nach Dasein gelüstet, den Weg und die Werkzeuge zu zeigen und wie ein Diener für seinen Herrn auf Raub und Beute ausziehend ist er jetzt zum Herrn geworden und darf den Ausdruck der Bedürftigkeit aus seinen Mienen wegwischen. Was er jetzt auch tut, Alles trägt im Vergleich mit seinem früheren Tun die Verstellung, wie das frühere die Verzerrung an sich. Er copiert das Menschenleben, nimmt es aber für eine gute Sache und scheint mit ihm sich recht zufrieden zu geben. Jenes ungeheure Gebälk und Bretterwerk der Begriffe, an das sich klammernd der bedürftige Mensch sich durch das Leben rettet, ist dem freigewordenen Intellekt nur ein Gerüst und ein Spielzeug für seine verwegensten Kunststücke: und wenn er es zerschlägt, durcheinanderwirft, ironisch wieder zusammensetzt, das Fremdeste paarend und das Nächste trennend, so offenbart er, daß er jene Notbehelfe der Bedürftigkeit nicht braucht, und dass er jetzt nicht von Begriffen sondern von Intuitionen geleitet wird. Von diesen Intuitionen aus führt kein regelmäßiger Weg in das Land der gespenstischen Schemata, der Abstraktionen: für sie ist das Wort nicht gemacht, der Mensch verstummt, wenn er sie sieht, oder redet in lauter verbotenen Metaphern und unerhörten Begriffsfügungen, um wenigstens durch das Zertrümmern und Verhöhnen der alten Begriffsschranken dem Eindrucke der mächtigen gegenwärtigen Intuition schöpferisch zu entsprechen.

Es gibt Zeitalter, in denen der vernünftige Mensch und der intuitive Mensch neben einander stehen, der eine in Angst vor der Intuition, der andere mit Hohn über die Abstraction; der letztere eben so unvernünftig, als der erstere unkünstlerisch ist. Beide begehren über das Leben zu herrschen: dieser, indem er durch Vorsorge, Klugheit, Regelmäßigkeit den hauptsächlichsten Nöten zu begegnen weiß, jener indem er als ein »überfroher Held« jene Nöte nicht sieht und nur das zum Schein und zur Schönheit verstellte Leben als real nimmt. Wo einmal der intuitive Mensch, etwa wie im älteren Griechenland seine Waffen gewaltiger und siegreicher führt, als sein Widerspiel, kann sich günstigen Falls eine Kultur gestalten, und die Herrschaft der Kunst über das Leben sich gründen; jene Verstellung, jenes Verleugnen der Bedürftigkeit, jener Glanz der metaphorischen Anschauungen und überhaupt jene Unmittelbarkeit der Täuschung begleitet alle Äußerungen eines solchen Lebens. Weder das Haus, noch der Schritt, noch die Kleidung, noch der tönerne Krug verraten, daß die Notdurft sie erfand; es scheint so als ob in ihnen allen ein erhabenes Glück und eine olympische Wolkenlosigkeit und gleichsam ein Spielen mit dem Ernste ausgesprochen werden sollte. Während der von Begriffen und Abstractionen geleitete Mensch durch diese das Unglück nur abwehrt, ohne selbst aus den Abstraktionen sich Glück zu erzwingen, während er nach möglichster Freiheit von Schmerzen trachtet, erntet der intuitive Mensch, inmitten einer Kultur stehend, bereits von seinen Intuitionen, außer der Abwehr des Übels eine fortwährend einströmende Erhellung, Aufheiterung, Erlösung. Freilich leidet er heftiger, *wenn* er leidet; ja er leidet auch öfter, weil er aus der Erfahrung nicht zu lernen versteht und immer wieder in dieselbe Grube fällt, in die er einmal gefallen. Im Leide ist er dann ebenso unvernünftig wie im Glück, er schreit laut und hat keinen Trost. Wie anders steht unter dem gleichen Mißgeschick der stoische, an der Erfahrung belehrte, durch Begriffe sich beherrschende Mensch da! Er, der sonst nur Aufrichtigkeit, Wahrheit, Freiheit von Täuschungen und Schutz vor berückenden Überfällen sucht, legt jetzt, im Unglück, das Meisterstück der Verstellung ab, wie jener im Glück; er trägt kein zuckendes und bewegliches Menschengesicht, sondern gleichsam eine Maske mit würdigem Gleichmaße der Züge, er schreit nicht und verändert nicht einmal seine Stimme. Wenn eine rechte Wetterwolke sich über ihn ausgießt, so hüllt er sich in seinen Mantel und geht langsamen Schrittes unter ihr davon.

Das Beste, was wir haben, sich eins zu fühlen mit einem großen Geiste, sympathisch auf seine Ideengänge eingehen zu können, eine Heimat des Gedankens ... gefunden zu haben – wir werden dies andern nicht rauben wollen, wir werden es uns selbst nicht rauben lassen. Sei es ein Irrtum, sei es eine Lüge – – –

An Paul Deussen, im Oktober/November 1867

Die Wahrheit fordert der Mensch und leistet sie im moralischen Verkehr mit Menschen, darauf beruht alles Zusammenleben. Man anticipiert die schlimmen Folgen gegenseitiger Lügen. Von hier aus entsteht die *Pflicht der Wahrheit*. Dem epischen Erzähler gestattet man die *Lüge*, weil hier keine schädliche Wirkung zu ersehen ist. – Also wo die Lüge als angenehm gilt, ist sie erlaubt: die Schönheit und Anmut der Lüge, vorausgesetzt daß sie nicht schadet. So erfindet der Priester Mythen seiner Götter: sie rechtfertigt ihre Erhabenheit. Außerordentlich schwer, das mythische Gefühl der freien Lüge wieder sich lebendig zu machen. Die großen griechischen Philosophen leben noch ganz in dieser Berechtigung zur Lüge. Wo man nichts Wahres wissen kann, ist die Lüge erlaubt. Jeder Mensch läßt sich Nachts im Traume fortwährend belügen. Das *Wahrheitsstreben* ist ein unendlich langsamer Erwerb der Menschheit. Unser historisches Gefühl etwas ganz Neues in der Welt. Es wäre möglich, daß es die Kunst ganz unterdrückte. Das Aussprechen der *Wahrheit um jeden Preis* ist *sokratisch*.

N, KSA, 7, 451 f.

Kampf im *Philosophen.*
Sein universaler Trieb zwingt ihn zum schlechten Denken, das ungeheure Pathos der Wahrheit, Weitblick seines Standpunktes erzeugt, zwingt ihn zur *Mitteilung* und diese wieder zur Logik.

Auf der einen Seite erzeugt sich eine *optimistische Metaphysik der Logik* – allmählich alles vergiftend und belügend. Die Logik, als Alleinherrscherin, führt zur Lüge: denn sie *ist* nicht die Alleinherrscherin.

N, KSA, 7, 453

Wahrheitspathos in einer Lügenwelt. Lügenwelt wieder in den höchsten Spitzen der Philosophie. Zweck dieser höchsten Lügen Bändigung des unumschränkten Erkenntnistriebes. [...] Woher das Wahrheitspathos in der Lügenwelt? Aus der Moral. ... Die Kultur eine Einheit. Nur scheint der Philosoph außerhalb zu stehn. Er wendet sich an die fernste Nachwelt – Ruhm. Merkwürdig, daß die Griechen philosophiert haben. Die schöne Lüge. Aber noch merkwürdiger, daß der *Mensch* überhaupt zum Wahrheitspathos gekommen. [...] Plato will einen neuen Staat, in dem die *Dialektik* herrscht, er verneint die *Kultur* der schönen Lüge.

N, KSA, 7, 488

Der *Trieb zur Wahrheit* beginnt mit der starken Beobachtung, wie entgegengesetzt die wirkliche Welt und die der Lüge ist und wie alles Menschenleben unsicher ist, wenn die Conventions-Wahrheit nicht unbedingt gilt: es ist eine

moralische Überzeugung von der Notwendigkeit einer festen Convention, wenn eine menschliche Gesellschaft existieren soll. Wenn irgendwo der *Kriegszustand* aufhören soll, so muß er beginnen mit der Fixierung der Wahrheit d.h. einer gültigen und verbindlichen *Bezeichnung* der Dinge. Der Lügner gebraucht die Worte, um das Unwirkliche als Wirklich erscheinen zu machen, d.h. er mißbraucht das feste Fundament.
N, KSA, 7, 492

Lüge aus Notwehr, Notlüge enthält einen eudämonologischen Charakter: sie sucht das Individuum zu retten. [...] Alle Lügen sind Notlügen. Die Lust an der Lüge ist künstlerisch. Sonst hat nur die Wahrheit eine Lust an sich. Die künstlerische Lust ist die größte, weil sie die Wahrheit ganz allgemein spricht in der Form der Lüge. Begriff der Persönlichkeit, ja der der moralischen Freiheit notwendige Illusionen, so daß selbst unsere Wahrheitstriebe auf dem Fundament der Lüge ruhn.
N, KSA, 7, 621 f.

Wahrhaftigkeit, als Fundament aller Verträge und Voraussetzung des Bestehens des Menschengeschlechts, ist eine eudämonistische Forderung: dagegen tritt die Erkenntnis, daß die höchste Wohlfahrt der Menschen vielmehr in *Illusionen* liegt: daß also, nach dem eudämonistischen Grundsatze, Wahrheit *und Lüge* angewendet werden müßten – wie es auch geschieht. Begriff der *verbotenen Wahrheit* d.h. einer solchen, die gerade die eudämonistische Lüge

verhüllt und *maskiert.* Gegensatz: die *verbotene Lüge*, dort eintretend, wo die erlaubte Wahrheit ihr Bereich hat. [...] Symbol der verbotenen Wahrheit: fiat veritas, pereat mundus [es werde Wahrheit, und wenn die Welt darüber zugrunde geht]. Symbol der verbotenen Lüge: fiat mendacium! pereat mundus.
N, KSA, 7, 623

Wie ist nur die Kunst als Lüge möglich!
Mein Auge, geschlossen, sieht in sich zahllose wechselnde Bilder – diese produciert die Phantasie und ich weiß daß sie der Realität nicht entsprechen. Also ich glaube ihnen nur als Bildern, nicht als Realitäten. [...] Kunst enthält die Freude, durch Oberflächen Glauben zu erwecken: aber man wird ja nicht getäuscht? Dann hörte ja die Kunst auf! Die Kunst legt es doch auf eine Täuschung ab – aber wir werden nicht getäuscht? Woher die Lust an der versuchten Täuschung, an dem Schein, der immer als Schein erkannt wird? Kunst behandelt also den *Schein als Schein*, will also gerade *nicht* tauschen, *ist wahr*. Das reine begierdenlose Betrachten ist nur an dem Scheine möglich, der als Schein erkannt wird, der gar nicht zum Glauben verführen will und insofern unsern Willen gar nicht anregt. Nur der, der die ganze Welt *als Schein* betrachten könnte, wäre im Stande, sie begierden- und trieblos anzusehen – Künstler und Philosoph. Hier hört der Trieb auf.
N, KSA, 7, 632

Die Griechen waren von der Lust zu fabulieren gräßlich geplagt. Gar im Alltagsleben war es schwer, sie vom »Mythischen«, vom Schwindeln fernzuhalten: wie alles Poetenvolk eine solche Lust zur Lüge hat, nebst der Unschuld dazu. Die benachbarten Völker fanden das wohl verzweifelt.
N, KSA, 8, 70

Hier [bei Jacob Burckhardt] redet einmal *nicht* die verfälschte *protestantische* Geschichtsconstruktion, an welche wir zu glauben angelernt worden sind.
An Heinrich Köselitz, 5. Oktober 1879

Man denke sich die *Ergriffenheit* einer Gesellschaft, die *Ernst* gemacht hat mit der Abschaffung der Macht und der Lüge und nun das Werk schaut! Wer diesen *Augenblick* schauen könnte, würde für alles Jetzige *erblinden.*
N, KSA, 8, 240

Die Lüge. – Weshalb sagen zu allermeist die Menschen im alltäglichen Leben die Wahrheit? – Gewiss nicht, weil ein Gott das Lügen verboten hat. Sondern erstens: weil es bequemer ist; denn die Lüge erfordert Erfindung, Verstellung und Gedächtnis. (Weshalb Swift sagt: wer eine Lüge berichtet, merkt selten die schwere Last, die er übernimmt; er muß nämlich, um eine Lüge zu behaupten, zwanzig andere erfinden.) Sodann: weil es in schlichten Verhältnissen vorteilhaft ist, direct zu sagen: ich will dies, ich habe dies getan,

und dergleichen; also weil der Weg des Zwangs und der Autorität sicherer ist, als der der List. – Ist aber einmal ein Kind in verwickelten häuslichen Verhältnissen aufgezogen worden, so handhabt es ebenso natürlich die Lüge und sagt unwillkürlich immer Das, was seinem Interesse entspricht; ein Sinn für Wahrheit, ein Widerwille gegen die Lüge an sich ist ihm ganz fremd und unzugänglich, und so lügt es in aller Unschuld.
MAM, I, Nr. 54

Wenigstens halte ich jene vielverbreiteten literarischen Productionen für berüchtigte Lügenfabrikate, allerdings vom ehrlich dummen Fanatismus dictiert.
An Carl von Gersdorff, 28. September 1869

Eine heilige Lüge. – Die Lüge, mit der auf den Lippen Arria starb (Paete, non dolet), verdunkelt alle Wahrheiten, die je von Sterbenden gesprochen wurden. Es ist die einzige heilige *Lüge*, die berühmt geworden ist; während der Geruch der Heiligkeit sonst nur an *Irrtümern* haften blieb.
WS, Nr. 75

Griechisches Ideal. – Was bewunderten die Griechen an Odysseus? Vor Allem die Fähigkeit zur Lüge und zur listigen und furchtbaren Wiedervergeltung; den Umständen gewachsen sein; wenn es gilt, edler erscheinen als der Edelste; sein können, *was man will*; heldenhafte Beharrlichkeit; sich alle Mittel zu Gebote stellen; Geist haben – sein Geist

ist die Bewunderung der Götter, sie lächeln, wenn sie daran denken –: dies Alles ist griechisches Ideal! Das Merkwürdigste daran ist, dass hier der Gegensatz von Scheinen und Sein gar nicht gefühlt und also auch nicht sittlich angerechnet wird. Gab es je so gründliche Schauspieler!
MR, Nr. 306

Unserem ganzen Organism ist das vorschnelle Zuneigen und Abneigen die Verstellung usw. *eingeformt* worden: allmählich kann ihm auch die Wahrhaftigkeit angebildet werden und immer tiefer einwurzeln, mit welchen Wirkungen? Einstweilen ist er ein bewegtes Netz von Lüge und Trug und deren Fangarmen: ganz tierisch-nützlich. Die Erziehung zur Wahrheit – ist sie eine Verbesserung des Tieres, eine höhere Anpassung an die Wirklichkeit? – Unser Wohlwollen Mitleid, unsere Aufopferung, unsere Moralität ruht auf *demselben Unterbau* von Lüge und Verstellung wie unser Böses und Selbstisches! Dies ist zu zeigen!
N, KSA, 9, 268

Gesetzt die Wissenschaft kräftigt ihr Ansehen und herrscht: ihr sollt eine *Schätzung* der Lüge und der Fähigkeit zu erdichten erleben, wie noch nie! Ebenso wie das Christentum vielleicht jetzt *mehr gilt*, als irgendwann! selbst bei seinen Gegnern!
N, KSA, 9, 390

Dieser unbedingte Wille zur Wahrheit: was ist er? Ist es der Wille, *sich nicht täuschen zu lassen*? Ist es der Wille, *nicht zu täuschen*? ... Aber warum nicht täuschen? Aber warum nicht sich täuschen lassen? – Man bemerke, daß die Gründe für das Erstere auf einem ganz andern Bereiche liegen als die für das Zweite: man will sich nicht täuschen lassen, unter der Annahme, daß es schädlich, gefährlich, verhängnisvoll ist, getäuscht zu werden, – in diesem Sinne wäre Wissenschaft eine lange Klugheit, eine Vorsicht, eine Nützlichkeit...

Falls aber Beides nötig sein sollte, viel Zutrauen *und* viel Mißtrauen: woher dürfte dann die Wissenschaft ihren unbedingten Glauben, ihre Überzeugung nehmen ... daß Wahrheit wichtiger sei als irgend ein anderes Ding, auch als jede andre Überzeugung? [...] Doch man wird es begriffen haben, worauf ich hinaus will, nämlich dass es immer noch ein *metaphysischer Glaube* ist, auf dem unser Glaube an die Wissenschaft ruht, – dass auch wir Erkennende von heute, wir Gottlosen und Antimetaphysiker, auch *unser* Feuer noch von dem Brande nehmen, den ein Jahrtausende alter Glaube entzündet hat ... dass Gott die Wahrheit ist, dass die Wahrheit göttlich ist... Aber wie, wenn dies gerade immer mehr unglaubwürdig wird, wenn Nichts sich mehr als göttlich erweist, es sei denn der Irrtum, die Blindheit, die Lüge, – wenn Gott selbst sich als unsre längste Lüge erweist?

FW, Nr. 344

Ach, *nun* müssen wir die Unwahrheit umarmen und der Irrtum wird jetzt erst zur *Lüge*, und die Lüge vor uns wird zur *Lebensnotwendigkeit*!
N, KSA, 9, 581

Wenn solche mißratene Creaturen [wie Lanzky] gar noch sich den ›Mantel der Weisheit‹ umthun, so muß man sie behandeln wie die unverschämtesten Lügner: und das sind sie in der Tat. – – –
An Malwida von Meysenbug, 30. Juli 1887

Staat heißt das kälteste aller kalten Ungeheuer. Kalt lügt es auch; und diese Lüge kriecht aus seinem Munde: »Ich, der Staat, bin das Volk.« Lüge ist's! Schaffende waren es, die schufen die Völker und hängten einen Glauben und eine Liebe über sie hin: also dienten sie dem Leben. Vernichter sind es, die stellen Fallen auf für Viele und heißen sie Staat: sie hängen ein Schwert und hundert Begierden über sie hin. Wo es noch Volk gibt, da versteht es den Staat nicht und haßt ihn als bösen Blick und Sünde an Sitten und Rechten. Dieses Zeichen gebe ich euch: jedes Volk spricht seine Zunge des Guten und Bösen: die versteht der Nachbar nicht. Seine Sprache erfand es sich in Sitten und Rechten. Aber der Staat lügt in allen Zungen des Guten und Bösen; und was er auch redet, er lügt – und was er auch hat, gestohlen hat er's.
Z, Vom neuen Götzen

Es gibt eine Unschuld in der Lüge, welche das Zeichen des guten Glaubens an eine Sache ist.
JGB, Nr. 180

Wenn ein Weib damit nicht einen neuen *Putz* für sich sucht – ich denke doch, das Sich-Putzen gehört zum Ewig-Weiblichen? – nun, so will es vor sich Furcht erregen: – es will damit vielleicht Herrschaft. Aber es *will* nicht Wahrheit: was liegt dem Weibe an Wahrheit! Nichts ist von Anbeginn an dem Weibe fremder, widriger, feindlicher als Wahrheit, – seine große Kunst ist die Lüge, seine höchste Angelegenheit ist der Schein und die Schönheit. Gestehen wir es, wir Männer: wir ehren und lieben gerade *diese* Kunst und *diesen* Instinkt am Weibe: wir, die wir es schwer haben und uns gerne zu unsrer Erleichterung zu Wesen gesellen, unter deren Händen, Blicken und zarten Torheiten uns unser Ernst, unsre Schwere und Tiefe beinahe wie eine Torheit erscheint.
JGB, Nr. 232

Unsre Gebildeten von Heute, unsre »Guten« lügen nicht – das ist wahr; aber es gereicht ihnen *nicht* zur Ehre! Die eigentliche Lüge, die echte resolute »ehrliche« Lüge (über deren Wert man Plato hören möge) wäre für sie etwas bei weitem zu Strenges, zu Starkes; es würde verlangen, was man von ihnen nicht verlangen *darf*, daß sie die Augen gegen sich selbst aufmachten, da sie zwischen »wahr« und »falsch« bei sich selber zu unterscheiden wüßten. Ihnen geziemt allein die *unehrliche Lüge*; Alles, was sich heute als

»guter Mensch« fühlt, ist vollkommen unfähig, zu irgend einer Sache anders zu stehn als *unehrlich-verlogen*, abgründlich-verlogen, aber unschuldig-verlogen, treuherzig-verlogen, blauäugig-verlogen, tugendhaft-verlogen. Diese »guten Menschen«, – sie sind allesamt jetzt in Grund und Boden vermoralisiert und in Hinsicht auf Ehrlichkeit zu Schanden gemacht und verhunzt für alle Ewigkeit: wer von ihnen hielte noch eine Wahrheit »über den Menschen« aus! ...
GM, Nr. 19

»Alle Wahrheit ist einfach.« – Ist das nicht zwiefach eine Lüge? –
GD, Nr. 4

Es gibt einen Haß auf Lüge und Verstellung aus einem reizbaren Ehrbegriff; es gibt einen ebensolchen Haß aus Feigheit, insofern die Lüge, durch ein göttliches Gebot, *verboten* ist. Zu feige, um zu lügen ...
GD, Pfeile & Sprüche, Nr. 32

Diese Sinne, *die auch sonst so unmoralisch sind*, sie betrügen uns über die *wahre* Welt. Moral: loskommen von dem Sinnentrug, vom Werden, von der Historie, von der Lüge, – Historie ist nichts als Glaube an die Sinne, Glaube an die Lüge.
GD, Die ›Vernunft‹ in der Philosophie, Nr. 1

Weder Manu, noch Plato, noch Confucius, noch die jüdischen und christlichen Lehrer haben je an ihrem *Recht* zur Lüge gezweifelt. Sie haben *an ganz andren Rechten* nicht gezweifelt ... In Formel ausgedrückt dürfte man sagen: alle Mittel, wodurch bisher die Menschheit moralisch gemacht werden sollte, waren von Grund aus *unmoralisch*. –
GD, Die ›Verbesserer‹ der Menschheit, Nr. 5

Wenn man das Schwergewicht des Lebens *nicht* in's Leben, sondern in's »Jenseits« verlegt – *in's Nichts* –, so hat man dem Leben überhaupt das Schwergewicht genommen. Die große Lüge von der Personal-Unsterblichkeit zerstört jede Vernunft, jede Natur im Instinkte, – Alles, was wohltätig, was lebenfördernd, was zukunftverbürgend in den Instinkten ist, erregt nunmehr Misstrauen. [...] Der Aristokratismus der Gesinnung wurde durch die Seelen-Gleichheits-Lüge am unterirdischsten untergraben; und wenn der Glaube an das »Vorrecht der Meisten« Revolutionen macht und *machen wird*, das Christentum ist es, man zweifle nicht daran, *christliche* Werturteile sind es, welche jede Revolution bloß in Blut und Verbrechen übersetzt! Das Christentum ist ein Aufstand alles Am-Boden-Kriechenden gegen das, was *Höhe* hat: das Evangelium der »Niedrigen« *macht* niedrig ...
AC, Nr. 43

Dies Mal möchte ich die entscheidende Frage tun: besteht zwischen Lüge und Überzeugung überhaupt ein Gegensatz? – Alle Welt glaubt es; aber was glaubt nicht alle Welt! –

Eine jede Überzeugung hat ihre Geschichte, ihre Vorformen, ihre Tentativen [Versuchungen] und Fehlgriffe: sie *wird* Überzeugung, nachdem sie es lange *nicht* ist, nachdem sie es noch länger *kaum* ist. Wie? könnte unter diesen Embryonal-Formen der Überzeugung nicht auch die Lüge sein? – Mitunter bedarf es bloß eines Personen-Wechsels: im Sohn wird Überzeugung, was im Vater noch Lüge war. – Ich nenne Lüge Etwas *nicht* sehn wollen, das man sieht, Etwas nicht *so* sehn wollen, wie man es sieht: ob die Lüge vor Zeugen oder ohne Zeugen statt hat, kommt nicht in Betracht. Die gewöhnlichste Lüge ist die, mit der man sich selbst belügt; das Belügen Andrer ist relativ der Ausnahmefall. – Nun ist dies *Nicht*-sehn-wollen, was man sieht, dies Nicht-so-sehn-wollen, wie man es sieht, beinahe die erste Bedingung für Alle, die *Partei* sind in irgend welchem Sinne: der Parteimensch wird mit Notwendigkeit Lügner. [...]
AC, Nr. 55

Es steht ihnen nicht frei, zu erkennen: die décadents haben die Lüge *nötig*, sie ist eine ihrer Erhaltungs-Bedingungen.
EH, Geburt der Tragödie, Nr. 2

Aber meine Wahrheit ist *furchtbar:* denn man hieß bisher die *Lüge* Wahrheit. – *Umwertung aller Werte*: das ist meine Formel für einen Akt höchster Selbstbesinnung der Menschheit, der in mir Fleisch und Genie geworden ist. Mein Los will, daß ich der erste anständige Mensch sein muß, daß ich mich gegen die Verlogenheit von Jahrtausen-

den im Gegensatz weiß ... Ich erst habe die Wahrheit *entdeckt*, dadurch daß ich zuerst die Lüge als Lüge empfand – *roch* ... Mein Genie ist in meinen Nüstern ... [...] Denn wenn die Wahrheit mit der Lüge von Jahrtausenden in Kampf tritt, werden wir Erschütterungen haben, einen Krampf von Erdbeben, eine Versetzung von Berg und Tal, wie dergleichen nie geträumt worden ist. Der Begriff Politik ist dann gänzlich in einen Geisterkrieg aufgegangen, alle Machtgebilde der alten Gesellschaft sind in die Luft gesprengt – sie ruhen allesamt auf der Lüge: es wird Kriege geben, wie es noch keine auf Erden gegeben hat. Erst von mir an gibt es auf Erden *große Politik*. –
EH, Warum ich ein Schicksal bin, Nr. 1

Die Lüge ist die Menschenfreundlichkeit des Erkennenden.
N, KSA, 10, 49

Ich sage daß der Flaum zum Apfel gehört, ich sage daß die Lüge zum Leben gehört.
N, KSA, 10, 158

»Illusionen sind nötig, nicht nur zum Glück, sondern zur Erhaltung und Erhöhung des Menschen: insonderheit ist gar kein Handeln möglich ohne Illusion. Selbst jeder Fortschritt der Erkenntnis ist durch die Illusion erst möglich: *folglich* muß der Quell der Illusion *unterhalten werden*, falls wir erkennen, gut handeln und wachsen wollen« – so

dachte ich einst. Gäbe es eine *absolute Moral*, so würde sie verlangen, daß *unbedingt* der Wahrheit gefolgt werde: folglich, daß *ich und die Menschen an ihr zu Grunde gehen.* – Dies mein Interesse an der *Vernichtung* der *Moral.* Um leben und höher werden zu können – um den *Willen zur Macht zu befriedigen*, müßte jedes *absolute Gebot beseitigt* werden. Für den *mächtigsten* Menschen ist auch die *Lüge ein erlaubtes Mittel*, beim Schaffen: ganz so verfährt die Natur.
N, KSA, 10, 254

Ach, ich kenne die blauen Fernen eurer Falschheit: und lieber als eure Lüge ist mir noch die Lüge dessen, der um sein Lügen weiß.
N, KSA, 10, 457

Man muß an der Kirche die *Lüge* empfinden, nicht nur die Unwahrheit: *so weit die Aufklärung ins Volk treiben, daß die Priester alle mit schlechtem Gewissen Priester werden* – – – ebenso muß man es mit dem Staate machen. Das ist **Aufgabe der Aufklärung**, den Fürsten und Staatsmännern ihr ganzes Gebaren zur *absichtlichen Lüge* zu machen, sie um das gute Gewissen zu bringen, und die **unbewußte Tartüfferie aus dem Leibe des europäischen Menschen wieder herauszubringen.**
N, KSA, 11, 86

Die Lust an der Lüge als die Mutter der Kunst, Furcht und Sinnlichkeit als Mutter der Religion, das Nitimur in vetitum [das Nach-dem-Verbotenen-Streben] und die Neugierde als Mutter der Wissenschaft, die Grausamkeit als Mutter der unegoistischen Moral, die Reue als Ursprung der socialen Gleichheits-Bewegung, der Wille zur Macht als Ursprung der Gerechtigkeit, der Krieg als der Vater (des guten Gewissens und der Heiterkeit) der Ehrlichkeit, das Herrenrecht als der Ursprung der Familie; das Mißtrauen als die Wurzel der Gerechtigkeit und Contemplation.
N, KSA, 12, 337f.

Hier fehlt der Gegensatz einer wahren und scheinbaren Welt: es gibt nur Eine Welt, und diese ist falsch, grausam, widersprüchlich, verführerisch, ohne Sinn … Eine so beschaffene Welt ist die wahre Welt … *Wir haben Lüge nötig*, um über diese Realität, diese »Wahrheit« zum Sieg zu kommen das heißt, um zu *leben* … Daß die Lüge nötig ist, um zu leben, das gehört selbst noch mit zu diesem furchtbaren und fragwürdigen Charakter des Daseins … Die Metaphysik, die Moral, die Religion, die Wissenschaft – sie werden in diesem Buche [›Der Wille zur Macht‹] nur als verschiedene Formen der Lüge in Betracht gezogen: mit ihrer Hülfe wird ans Leben *geglaubt* … »Das Leben soll Vertrauen einflößen«: die Aufgabe, so gestellt, ist ungeheuer. Um sie zu lösen, muß der Mensch von Natur schon ein Lügner sein, er muß mehr als alles Andere noch *Künstler* sein … Und er ist es auch: Metaphysik, Moral, Religion, Wissenschaft – Alles nur Ausgeburten seines Willens zur Kunst, zur Lüge, zur Flucht vor der »Wahrheit«, zur Verneinung der »Wahr-

heit«. Dies Vermögen selbst, dank dem er die *Realität durch die Lüge vergewaltigt*, dieses *Künstler-Vermögen* par excellence des Menschen – er hat es noch mit Allem, was ist, gemein: er selbst ist ja ein Stück Wirklichkeit, Wahrheit, Natur – er selbst ist auch ein Stück *Genie der Lüge*...
N, KSA, 13, 193

Welcher Unterschied bleibt zwischen einem Überzeugten und einem Belogenen? Keiner, wenn er gut belogen ist. Was macht es, was alle Philosophen bestimmt, ihre Überzeugungen für Wahrheiten zu halten? Ihr Vorteil, ihre »praktische Vernunft«. Die Fiktion, die Nützlichkeit, die Vermutung, die Wahrscheinlichkeit, die Gewißheit, die Überzeugung – eine Geschichte des inneren Pathos, an dessen Anfang die Lüge, deren Gott steht ... [...] Gesetzt, man hat einen Vorteil davon, sich selbst zu belügen, worin unterscheidet sich das Pathos der Selbst-Belogenheit vom Pathos der Überzeugung?
N, KSA, 13, 344

Daß zu frommen Zwecken die Lüge erlaubt ist, das gehört zur Theorie aller Priesterschaften, – wie weit es zu ihrer Praxis gehört, soll der Gegenstand dieser Untersuchung sein. Aber auch die Philosophen, sobald sie mit priesterlichen Hinterabsichten die Leitung der Menschen in die Hände zu nehmen beabsichtigen, haben sofort auch sich ein Recht zur Lüge zurecht gemacht: Plato voran. Die Lüge des Einen soll einen Zustand schaffen, in dem des anderen

Wahrheit überhaupt *hörbar* wird ... *Wie weit* geht die fromme Lüge der Priester und der Philosophen? – Man muß hier fragen, welche Voraussetzungen zur Erziehung sie haben, welche Dogmen sie *erfinden* müssen, um diesen Voraussetzungen genug zu tun?
N, KSA, 13, 433 f.

Zur Kritik des Manu-Gesetzbuchs. – Das ganze Buch ruht auf der heiligen Lüge: – ist es das Wohl der Menschheit, welches dieses ganze System inspiriert hat? diese Art Mensch, welche an die *Interessiertheit* jeder Handlung glaubt, war sie interessiert oder nicht, dieses System durchzusetzen? – die Menschheit zu verbessern – woher ist diese Absicht inspiriert? Woher ist der Begriff des Bessern genommen? – wir finden eine Art Mensch, die *priesterliche*, die sich als Norm, als Spitze, als höchsten Ausdruck des Typus Mensch fühlt: von sich aus nimmt sie den Begriff des »Bessern« – sie glaubt an ihre Überlegenheit, sie *will* sie auch in der Tat: die Ursache der heiligen Lüge ist der *Wille zur Macht* ...

– Aufrichtung der Herrschaft: zu diesem Zwecke die Herrschaft von Begriffen, welche in der Priesterschaft ein non plus ultra von Macht ansetzen – die Macht durch die Lüge, in Einsicht darüber, daß man sie nicht physisch, militärisch, besitzt [...] – die Lüge als Supplement der Macht, – ein neuer Begriff der »Wahrheit«.
N, KSA, 13, 439

Man weiß bereits, welches Wort ich mir zu diesem Kampf zurecht gemacht habe, das Wort ›Immoralist‹; man kennt desgleichen meine Formel »Jenseits von Gut und Böse«. Ich habe diese starken Gegen-Begriffe nötig, die *Leuchtkraft* dieser Gegen-Begriffe, um in jenen Abgrund von Leichtfertigkeit und Lüge hinabzuleuchten, der bisher Moral hieß. Die Jahrtausende, die Völker, die Ersten und die Letzten, die Philosophen und die alten Weiber – in diesem Punkte sind sie alle einander würdig. Der Mensch war bisher das moralische Wesen, eine Curiosität ohne Gleichen – und als moralisches Wesen absurder, verlogener, eitler, leichtfertiger, *sich selber nachteiliger* als auch der größte Verächter des Menschen es sich träumen lassen möchte. Moral die bösartigste Form des Willens zur Lüge, die eigentliche Circe der Menschheit: das *was* sie *verdorben* hat. Es ist *nicht* der Irrtum als Irrtum, was mir bei diesem Anblick Entsetzen macht, *nicht* der jahrtausendelange Mangel an »gutem Willen«, an Zucht, an Anstand, an *Mut* im Geistigen: es ist der Mangel an Natur, es ist die schauderhafte Tatsächlichkeit, daß die Widernatur selbst als Moral mit den höchsten Ehren geehrt worden ist und als Gesetz über der Menschheit hängen blieb ... In diesem Maße sich vergreifen, – nicht als Einzelner, nicht als Volk, sondern als *Menschheit*!
N, KSA, 13, 603 f.

Die »wachsende Autonomie des Individuums«: davon reden diese Pariser Philosophen, wie Fouillée: sie sollten doch nur die race moutonnière [die ›Hammelrasse‹] ansehen, die sie selber sind! ... Macht doch die Augen auf, ihr Herren

Zukunfts-Sociologen! Das »Individuum« ist stark geworden unter *umgekehrten* Bedingungen: ihr beschreibt die »äußerste Schwächung und Verkümmerung des Menschen«, ihr wollt sie selbst und braucht den ganzen Lügenapparat des alten Ideals dazu! ihr seid *der Art*, daß ihr eure Herdentier-Bedürfnisse wirklich als *Ideal* empfindet! Der vollkommene Mangel an psychologischer Rechtschaffenheit!
N, KSA, 13, 63

Er [Richard Wagner] sucht den *Beitrag*, den die Deutschen der kommenden Cultur geben werden. Das ist freilich nicht der »Historismus« der Gelehrten Deutschlands, wie Hillebrand meint. Denn das ist wirklich Reaktion und Lügengeist und Optimismus. [...]
N, KSA, 8, 191

Unser Europa von heute, der Schauplatz eines unsinnig plötzlichen Versuchs von radikaler Stände- und *folglich* Rassenmischung, ist deshalb skeptisch in allen Höhen und Tiefen, bald mit jener beweglichen Skepsis, welche ungeduldig und lüstern von einem Ast zum andern springt, bald trübe wie eine mit Fragezeichen überladene Wolke, – und seines Willens oft bis zum Sterben satt! Willenslähmung: wo findet man nicht heute diesen Krüppel sitzen! Und oft noch wie geputzt! Wie verführerisch herausgeputzt! Es gibt die schönsten Prunk- und Lügenkleider für diese Krankheit; und daß zum Beispiel das Meiste von dem, was sich heute als »Objektivität«, »Wissenschaftlichkeit«, »l'art pour l'art«, »reines willensfreies Erkennen« in die Schauläden stellt, nur

aufgeputzte Skepsis und Willenslähmung ist, – für diese Diagnose der europäischen Krankheit will ich einstehn.
JGB, Nr. 208

Und Niemand *lügt* soviel als der Entrüstete. –
JGB, Nr. 26

Die *Verinnerlichung* des Menschen (als Krankheit). Die Verinnerlichung entsteht dadurch, daß mächtige Triebe, denen mit Einrichtung des Friedens und der Gesellschaft die Entladung nach außen versagt wird, sich nach innen zu schadlos zu halten suchen, im Bunde mit der Imagination. Das Bedürfnis nach Feindschaft, Grausamkeit, Rache, Gewaltsamkeit wendet sich zurück, »tritt zurück«; im Erkennen-wollen ist Habsucht und Erobern; im Künstler tritt die zurückgetretene Verstellungs- und Lügenkraft auf; die Triebe werden zu Dämonen umgeschaffen, mit denen es Kampf gibt usw.
N, KSA, 12, 335

Wahrheitspathos in einer Lügenwelt. Lügenwelt wieder in den höchsten Spitzen der Philosophie. Zweck dieser höchsten Lügen Bändigung des unumschränkten Erkenntnistriebes. Entstehung des Erkenntnistriebes aus der Moral. Woher das Wahrheitspathos in der Lügenwelt? Aus der Moral. Das Wahrheitspathos und die Logik. Die Kultur und die Wahrheit.
N, KSA, 7, 488

Der *Trieb zur Wahrheit* beginnt mit der starken Beobachtung, wie entgegengesetzt die wirkliche Welt und die der Lüge ist und wie alles Menschenleben unsicher ist, wenn die Conventions-Wahrheit nicht unbedingt gilt: es ist eine moralische Überzeugung von der Notwendigkeit einer festen Convention, wenn eine menschliche Gesellschaft existieren soll. Wenn irgendwo der *Kriegszustand* aufhören soll, so muß er beginnen mit der Fixierung der Wahrheit d.h. einer gültigen und verbindlichen Bezeichnung der Dinge. Der Lügner gebraucht die Worte, um das Unwirkliche als Wirklich erscheinen zu machen, d.h. er mißbraucht das feste Fundament. Andernseits ist der Trieb zu immer neuen Metaphern da, er entladet sich im Dichter, im Schauspieler usw., in der Religion vor allem. Der Philosoph sucht nun in dem Bereich, in dem die Religionen walteten, auch das »Wirkliche«, das Bleibende, im Gefühl des ewigen mythischen Lügenspiels. Er will Wahrheit, die bleibt. Er breitet also das Bedürfnis nach festen Wahrheitsconventionen auf neue Gebiete aus.
N, KSA, 7, 492

Daß dieser Hanswurst es verstanden hat, von sich den Glauben zu erwecken … der ›letzte Ausdruck der schöpferischen Natur‹, gleichsam ihr ›Schlußwort‹ zu sein, dazu bedarf es in der Tat des *Genie's*, aber eines Genie's der *Lüge* … Ich selber habe die Ehre, etwas Umgekehrtes zu sein – ein Genie *der Wahrheit* – – –
An Malwida von Meysenbug, 18. Oktober 1888

Unselige Verführer, die den Unschuldstand des Sklaven durch die Frucht vom Baume der Erkenntnis vernichtet haben! Jetzt muß dieser sich mit solchen durchsichtigen Lügen von einem Tage zum andern hinhalten, wie sie in der angeblichen »Gleichberechtigung Aller« oder in den sogenannten »Grundrechten des Menschen«, des Menschen als solchen, oder in der Würde der Arbeit für jeden tiefer Blikkenden erkennbar sind.
GS, Vorrede

Perser: gut schießen, gut reiten, nicht borgen und nicht lügen.
N, KSA, 7, 785

Der Philosoph als der wahre Widersacher der Verweltlichung, als der Zerstörer jedes scheinbaren und verführerischen Glücks und alles dessen, was ein solches Glück verspricht, der Staaten, Revolutionen, Reichtümer, Ehren, Wissenschaften, Kirchen unter den Menschen [...] Das Ziel dieser kommenden Cultur liegt nicht in dieser Welt, und gleichfalls weisen die größten Äußerungen vergangener Culturen auf ein unaussprechbares Ende hin und waren welt- und werdefeindlich. Erzwingt sich nicht jedes wahre Kunstwerk ein Bekenntnis, mit dem der Satz des Aristoteles Lügen gestraft wird? Ist es nicht die Natur, welche die Kunst nachahmt?
N, KSA, 7, 812f

Die griechischen Götter verlangten keine Sinnesänderung und waren überhaupt nicht so lästig und zudringlich: da war es auch möglich, sie ernst zu nehmen und zu glauben. ... Spricht bei ihnen der Verstand, o wie herbe und grausam erscheint das Leben! Sie täuschen sich nicht. Aber sie umspielen das Leben mit Lügen: Simonides riet, das Leben wie ein Spiel nehmen: der Ernst war ihnen als Schmerz zu bekannt.
N, KSA, 8, 72

Es könnten Kräfte, von denen die Kunst bedingt ist, aussterben z. B. die Lust am Lügen, am Undeutlichen Symbolischen usw., auch der Rausch könnte in Mißachtung kommen. Und im Grunde: ist das Leben im idealen Staate geordnet, dann ist keine Dichtung der *Gegenwart* mehr möglich: besten Falls blickt sie mit Sehnsucht zurück, nach den Zeiten des unidealen Staates.
N, KSA, 8, 92

Denn es gibt im Verkehre mit Menschen keine größere Torheit, als sich den Ruf der Anmaßung zuzuziehen; es ist noch schlimmer, als wenn man nicht gelernt hat, höflich zu lügen.
MAM, I, Nr. 373

Feinde der Wahrheit. – Überzeugungen sind gefährlichere Feinde der Wahrheit, als Lügen.
MAM, I, Nr. 483

Dreiviertel aller Lügen sind durch die Antithese in die Welt gekommen.
N, KSA, 8, 337

Die Musen als Lügnerinnen. – »Wir verstehen uns darauf, viele Lügen zu sagen« – so sangen einstmals die Musen als sie sich vor Hesiod offenbarten. – Es führt zu wesentlichen Entdeckungen, wenn man den Künstler einmal als Betrüger faßt.
MAM, II, Nr. 188

Pyrrhon: Des Mißtrauens, wie es noch nie in der Welt war, des Mißtrauens gegen Alles und Jeden. Es ist der einzige Weg zur Wahrheit. Das rechte Auge darf dem linken nicht trauen, und Licht wird eine Zeitlang Finsternis heißen müssen: dies ist der Weg, den ihr gehen müßt. … Kleine harte Körner werdet ihr auf ihm finden, – das sind die Wahrheiten: Jahrzehende lang werdet ihr die Lügen händevoll verschlingen müssen, um nicht Hungers zu sterben, ob ihr schon wisset, daß es Lügen sind.
WS, Nr. 213

Einmal, zweimal und dreimal wahr! – Die Menschen lügen unsäglich oft, aber sie denken hinterher nicht daran und glauben im Ganzen nicht daran.
MR, Nr. 302

Der böse Augenblick. – Lebhafte Naturen lügen nur einen Augenblick: nachher haben sie sich selber belogen und sind überzeugt und rechtschaffen.
MR, Nr. 391

Die unmoralischen Handlungen machen die *moralische* Lebensweise bestimmter roher Culturen aus. – Sie sind auch noch in unseren Organen vorhanden. Wir morden, stehlen, lügen, verstellen uns usw. selbst im Höchsten.
N, KSA, 9, 14

Die *Fälschung* alles Tatsächlichen durch Moral steht da in vollster Pracht; erbärmliche Psychologie; der Philosoph auf den ›Landpfarrer‹ reduziert.
An Franz Overbeck, 9. Januar 1887

Geistesgegenwart: das heißt die Fähigkeit sich seine Worte und Handlungen durch die Umstände diktieren zu lassen, – ist also eine Fähigkeit zu lügen und zu heucheln. [...] Wenn die Lüge zu unserm Charakter stimmt, lügen wir am besten.
N, KSA, 9, 101

Indem ich dich vernichte Hohenzollern, vernichte ich die Lüge.
N, KSA, 13, 647

Die Kunst hat *auch* die Phantasie-Befriedigung: und es ist diese unschuldiger und harmloser als sonst, weil die Schönheit den Maßstab des *Maßes* mitbringt: sodann weil die Musen sagen: »wir lügen«.
N, KSA, 9, 173

An die Stelle des Stolzes ist [in der Moderne] die *Klugheit* getreten. Die Wissenschaft tritt in *ihren* Dienst. Eine gemeinere Gattung von Menschen bekommt das Regiment (statt der noblesse oder der Priester): erst die Kaufleute, nachher die Arbeiter. Die Masse tritt auf als Herrscher: das Individuum muß sich zur Masse lügen. ... Pfui über die, welche sich jetzt zudringlich den Massen als ihre Heilande anbieten! Oder den Nationen! Wir sind Emigranten. – Wir wollen auch das böse Gewissen für die Wissenschaft im Dienste der Klugen sein! ... Was gehen uns also die Fürsten und Priester der Gegenwart an, welche durch den Selbstbetrug leben müssen und wollen!
N, KSA, 9, 201

In jedem kleinsten Augenblick gibt es in uns eine absolute Notwendigkeit des Geschehens. Könnten wir diese einsehen, so könnten wir sie für jeden Fall mit dem Namen unbedingter Pflicht belegen, wenn wir durchaus uns *frei lügen* wollten! Wir sagen: ich will, wo wir sagen müßten: »ich muß«: und sagten voraus, was eben geschehen wird, mit der Miene eines Wahrsagers und Pflichthelden. Dies wäre die Spitze aller Verlogenheit.
N, KSA, 9, 225

Lüge ist die Erregung jenes Grundes unseres Nächsten in der Art, daß ein Trieb in ihm wach wird, zu dessen Befriedigung er nicht kommen kann, weil gerade die Natur der Dinge eine andere ist: also ein *unerfüllbares Bedürfnis erregen* ist lügen.
N, KSA, 9, 260

Das Problem der Wahrhaftigkeit hat noch niemand erfaßt. Das, was gegen die Lüge gesagt wird, sind Naivetäten eines Schulmeisters, und zumal das Gebot »du sollst nicht lügen«!
N, KSA, 9, 281

Ich warte wie ein Hund – / Es kommt kein Zeichen! / Das Kreuz, als sie's versprach! / Wie konnte sie lügen? / Oder läuft sie Jedem nach, / Wie meine Ziegen?
IM, Lied der Ziegenhirten

[...] und doch ist es für eine Wahrheit gefährlicher, wenn der Dichter ihr zustimmt, als wenn er ihr widerspricht! Denn wie Homer sagt: »Viel ja lügen die Sänger!« –
FW, Nr. 84

Was haben die Moralprediger vom inneren »Elend« der bösen Menschen phantasiert! Was haben sie gar vom Unglücke der leidenschaftlichen Menschen uns *vorgelogen*! – ja, lügen ist hier das rechte Wort: sie haben um das überrei-

che Glück dieser Art von Menschen recht wohl gewußt, aber es totgeschwiegen, weil es eine Widerlegung ihrer Theorie war, nach der alles Glück erst mit der Vernichtung der Leidenschaft und dem Schweigen des Willens entsteht!
FW, Nr. 326

Ist es nicht zum Lachen, daß man noch an ein heiliges unverbrüchliches Gesetz glaubt »du sollst nicht lügen«, »du sollst nicht töten« – in einem Dasein, dessen Charakter die beständige Lüge, das beständige Töten ist! Welche *Blindheit* gegen das wirkliche Wesen dieses Daseins muß es hervorgebracht haben, daß man mit jenen Gesetzen allein *leben* zu können glaubte! ... Wie viel pathetische Lüge, wie viel Totschlag der *Ehrlichen* – d. h. Vernichtung derer, die böse zu sein und sich zu scheinen wagten – ist dadurch wieder in die Welt gekommen?
N, KSA, 9, 649f.

Aber der Staat lügt in allen Zungen des Guten und Bösen; und was er auch redet, er lügt – und was er auch hat, gestohlen hat er's. Ach, auch in euch, ihr großen Seelen, raunt er seine düsteren Lügen!
Z, Vom neuen Götzen

Alles Unvergängliche – das ist nur ein Gleichnis! Und die Dichter lügen zuviel.
Z, Auf den glücklichen Inseln

Aber ich will eure Verstecke schon an's Licht bringen: darum lache ich euch in's Antlitz mein Gelächter der Höhe. Darum reiße ich an eurem Netze, daß eure Wut euch aus eurer Lügen-Höhle locke, und eure Rache hervorspringe hinter eurem Wort »Gerechtigkeit.«
Z, Von den Taranteln

»Warum sagtest du doch, daß die Dichter zuviel lügen?«. »Warum? sagte Zarathustra. Du fragst warum? Ich gehöre nicht zu Denen, welche man nach ihrem Warum fragen darf. ... Doch was sagte dir einst Zarathustra? Daß die Dichter zuviel lügen? – Aber auch Zarathustra ist ein Dichter. Glaubst du nun, daß er hier die Wahrheit redete? Warum glaubst du das?« ... Aber gesetzt, daß Jemand allen Ernstes sagte, die Dichter lügen zuviel: so hat er Recht, – *wir* lügen zuviel. Wir wissen auch zu wenig und sind schlechte Lerner: so müssen wir schon lügen. Und wer von uns Dichtern hätte nicht seinen Wein verfälscht? Manch giftiger Mischmasch geschah in unsern Kellern, manches Unbeschreibliche ward da getan.
Z, Von den Dichtern

Fuß und Augen sollen nicht lügen, noch sich einander Lügen strafen. Aber es ist viel Lügnerei bei den kleinen Leuten.
Z, Von der verkleinernden Tugend

... da lacht und mutwillt noch mein verkrochenes Glück; es lacht noch mein Lügen-Traum. Ich – ein Kriecher? Niemals kroch ich im Leben vor Mächtigen; und log ich je, so log ich aus Liebe.
Z, Auf dem Ölberge

Sonderlich Die, welche sie »die Guten« heißen, fand ich als die giftigsten Fliegen: sie stechen in aller Unschuld, sie lügen in aller Unschuld; wie *vermöchten* sie, gegen mich – gerecht zu sein! Wer unter den Guten lebt, den lehrt Mitleid lügen. Mitleid macht dumpfe Luft allen freien Seelen. Die Dummheit der Guten nämlich ist unergründlich.
Z, Die Heimkehr

Lügen dem Leichten nicht alle Worte! Singe! sprich nicht mehr!« –
Z, Die sieben Siegel, 7

Ach, wohin ist jene verlogne Unschuld, die ich einst besaß, die Unschuld der Guten und ihrer edlen Lügen! Zu oft, wahrlich, folgte ich der Wahrheit dicht auf dem Fuße: da trat sie mir vor den Kopf. Manchmal meinte ich zu lügen, und siehe! da erst traf ich – die Wahrheit.
Z, Der Schatten

Pöbel aber weiß nicht, was groß, was klein, was gerade und redlich ist: der ist unschuldig krumm, der lügt immer. ... Sie haben kalte vertrocknete Augen, vor ihnen liegt jeder Vogel entfedert. – Solche brüsten sich damit, daß sie nicht lügen: aber Ohnmacht zur Lüge ist lange noch nicht Liebe zur Wahrheit. Hütet euch! Freiheit von Fieber ist lange noch nicht Erkenntnis! Ausgekälteten Geistern glaube ich nicht. Wer nicht lügen kann, weiß nicht, was Wahrheit ist.
Z, Vom höheren Menschen, Nr. 8 & 9

»Der *Wahrheit* Freier? Du? – so höhnten sie – / Nein! Nur ein Dichter! / Ein Tier, ein listiges, raubendes, schleichendes, / Das lügen muß, / Das wissentlich, willentlich lügen muß: / Nach Beute lüstern, / Bunt verlarvt, / Sich selber Larve, / Sich selbst zur Beute – / *Das* – der Wahrheit Freier?
Z, Lied der Schwermut

Dies Alles will sagen: wir sind von Grund aus, von Alters her – *an's Lügen gewöhnt*. Oder, um es tugendhafter und heuchlerischer, kurz angenehmer auszudrücken: man ist viel mehr Künstler als man weiß.
JGB, Nr. 192

Diese Werkstätte, wo man *Ideale fabriziert* – mich dünkt, sie stinkt vor lauter Lügen.
GM, Nr. 14

Der Musiker wird jetzt [bei Wagner] zum Schauspieler, seine Kunst entwickelt sich immer mehr als ein Talent zu *lügen.*
W, Nr. 7

meine Sorge ... *Daß der Schauspieler nicht zum Verführer der Echten wird. Daß die Musik nicht zu einer Kunst zu lügen wird.*
W, Nr. 12

Es gibt einen Haß auf Lüge und Verstellung aus einem reizbaren Ehrbegriffe; es gibt einen ebensolchen Haß aus Feigheit, insofern die Lüge, durch ein göttliches Gebot, *verboten* ist. Zu feige, um zu lügen ...
GD, Sprüche & Pfeile, Nr. 32

Heraklit tat den Sinnen Unrecht. Dieselben lügen weder in der Art, wie die Eleaten es glauben, noch wie er es glaubte, – sie lügen überhaupt nicht. Was wir aus ihrem Zeugnis *machen*, das legt erst die Lüge hinein, zum Beispiel die Lüge der Einheit, die Lüge der Dinglichkeit, der Substanz, der Dauer ... Die ›Vernunft‹ ist die Ursache, daß wir das Zeugnis der Sinne fälschen. Sofern die Sinne das Werden, das Vergehn, den Wechsel zeigen, lügen sie nicht ... Aber damit wird Heraklit ewig Recht behalten, daß das Sein eine leere Fiktion ist. Die »scheinbare« Welt ist die einzige: die ›wahre Welt‹ ist nur *hinzugelogen* ...
GD, Die ›Vernunft‹ in der Philosophie, Nr. 2

»Du sollst nicht lügen« – auf deutsch: *hüten Sie sich*, mein Herr Philosoph, die Wahrheit zu sagen…
GD, Streifzüge eines Unzeitgemäßen, Nr. 42

Die Schwaben sind die besten Lügner in Deutschland, sie lügen unschuldig … Woher das Frohlocken, das beim Auftreten Kants durch die deutsche Gelehrtenwelt ging, die zu drei Viertel aus Pfarrer- und Lehrer-Söhnen besteht […] Man hatte aus der Realität eine ›Scheinhaftigkeit‹ gemacht; man hatte eine vollkommen *erlogne* Welt, die des Seienden, zur Realität gemacht.
AC, Nr. 10

Selbst bei dem bescheidensten Anspruch auf Rechtschaffenheit *muß* man heute wissen, daß ein Theologe, ein Priester, ein Papst mit jeden Satz, den er spricht, nicht nur irrt, sondern *lügt*, – daß es ihm nicht mehr freisteht, aus »Unschuld«, aus »Unwissenheit« zu lügen. Auch der Priester weiß, so gut es Jedermann weiß, daß es keinen »Gott« mehr gibt, keinen »Sünder«, keinen »Erlöser«, – dass »freier Wille«, »sittliche Weltordnung« *Lügen* sind:
AC, Nr. 38

Im Christentum, als der Kunst, heilig zu lügen, kommt das ganze Judentum, eine mehrhundertjährige jüdische allerernsthafteste Vorübung und Technik zur letzten Meisterschaft. Der Christ, diese ultima ratio der Lüge, ist der Jude noch einmal – *drei* Mal selbst …
AC, Nr. 44

Der Schuld- und Strafbegriff, eingerechnet die Lehre von der »Gnade«, von der »Erlösung«, von der »Vergebung« – *Lügen* durch und durch und ohne jede psychologische Realität – sind erfunden, um den *Ursachen-Sinn* des Menschen zu zerstören: sie sind das Attentat gegen den Begriff Ursache und Wirkung.
AC, Nr. 49

Die Unfreiheit zur Lüge – daran errate ich jeden vorherbestimmten Theologen.
AC, Nr. 52

Lügen aus den schlechten Instinkten kranker, im tiefsten Sinne schädlicher Naturen heraus – alle die Begriffe »Gott«, »Seele«, »Tugend«, »Sünde«, »Jenseits«, »Wahrheit«, »ewiges Leben«.
EH, Warum ich so klug bin, Nr. 10

Herumsteigend auf lügnerischen Wortbrücken, / auf Lügen-Regenbogen / zwischen falschen Himmeln / herumschweifend, herumschleichend – / *nur* Narr! *nur* Dichter! …
DD

Lieber mit solchen umgehen, die bewußt lügen, weil nur sie auch mit Bewußtsein wahr sein können. Die gewöhnliche Wahrhaftigkeit ist eine Maske *ohne Bewußtsein der Maske.*
N, KSA, 10, 13 f.

Menschen die nicht nötig haben viel zu lügen, tun sich etwas darauf zu Gute, daß sie wenig lügen.
N, KSA, 10, 45

Die Oberflächlichen müssen immer lügen, weil sie keinen Inhalt haben. Erziehen: d.h. unter allen Umständen zum Lügen erziehen. Der Wahrhaftige endet damit zu begreifen, daß er immer lügt. Lüge ist nicht nur wider sein Wissen reden, sondern auch wider sein Nichtwissen reden.
N, KSA, 10, 48

Das Unvermögen zu lügen ist durchaus noch nicht Liebe zur Wahrheit. Vielmehr ist in jeder Liebe das Vermögen zu lügen – auch in der Liebe zur Wahrheit.
N, KSA, 10, 80

Staat und Kirche und alles, was sich auf Lügen gründet, dient den Predigern des Todes.
N, KSA, 10, 184

In Wien werden ja zur Ermutigung der Massen alle Depeschen [die den preußisch-österreichischen Krieg 1866 betreffen] gefälscht und umgedreht.
An Franziska und Elisabeth Nietzsche, Juli 1866

Der, welcher viel und mit Bewußtsein lügt, und in Lagen lebt, wo es gefährlich und schwer ist zu lügen, ist eben deshalb auch in einem außerordentlichen Grade verfeinert für die *Wahrheit*: während Idealisten und Alltags-Gute fortwährend in einem Nebel über sich und ihr Wollen leben und im Grunde *niemals* die Wahrheit sagen *können*: – ihr ›Geschmack‹ ist nicht fein genug dazu.
N, KSA, 10, 280

Ich tat Buße mit Nachtwachen für 1000 Lügen des Verehrenden und den Willen seines Auges zur Blindheit. Mit 1000 Bosheiten nahm ich Rache an aller Verschönerei und Schwarmgeisterei. Weit verhaßter seid ihr unbewußten Lügner mir als mir die wissenden Lügner sind. Weil ihr über das, was ist, lügt, darum entsteht euch nicht der Durst nach dem, was werden soll.
N, KSA, 10, 351

In große Worte seid ihr verliebt wie in bunte Bälge: und auf Teppichen von Lügen versteht euer Fuß sich ein Fest zu machen, ihr Weichlinge! (Idealisten)
N, KSA, 10, 451

Die feierlichen Schnurrpfeifer, die mit Tönen düstere Lehren und Lügen predigen.
N, KSA, 10, 595

Wie Sie fertig werden wollen [mit einem musikalischen Werk] trotz Loën ›dem Vater der Lüge‹.
An Heinrich Köselitz, 11. März 1882

Dem, der rückwärts schaut und vorwärts geht, soll man wider den Leib rennen: daß er seine Augen nicht mit seinen Füßen länger Lügen strafe.
N, KSA, 10, 606

Hört nicht, was sie sagen – aber seht ihr Maulwerk an! Mit der Zunge lügen sie vielleicht, mit dem Munde sagen sie doch die Wahrheit!
N, KSA, 10, 627

Die Selbst-Verlogenen hörte ich zu mir reden, denen die Lüge unschuldig auf Herz und Lippen sitzt; auch mancher Schmarotzer drängte sich lüstern an das Mahl meiner Weisheit. [...] Und lernt erst lügen, damit ihr versteht, was Wahrheit-reden ist!
N, KSA, 10, 639

Lügen, um zu lügen, ist der primitive Hang: in allen pöbelhaften Zeitaltern. Herrschen, um zu herrschen, und *nicht*, wie Helvétius meint, um die Genüsse zu haben.
N, KSA, 11, 108

Vom Ursprung der *Kunst*. Die Fähigkeit zu lügen und sich zu verstellen am längsten entwickelt: Gefühl der *Sicherheit* und der geistigen Überlegenheit dabei beim Täuschenden.
N, KSA, 11, 113

»Der Sinn für Wahrheit« muß, wenn die Moralität des »Du sollst nicht lügen« abgewiesen ist, sich vor einem anderen Forum legitimieren. Als Mittel der Erhaltung von Mensch, *als Macht-Wille*.
N, KSA, 11, 138

Wissentlich und willentlich lügen ist *mehr wert* als unwillkürlich das Wahre zu sagen – da hat Plato Recht. Obwohl die gewöhnliche Wertschätzung umgekehrt ist: nämlich man hält es für *leicht* die Wahrheit zu sagen.
N, KSA, 11, 189

Wohin sind alle »Guten«! / Wohin, wohin ist die Unschuld aller dieser Lügen! / ... Der Dichter, der lügen kann / wissentlich, willentlich / Der kann allein Wahrheit reden.
N, KSA, 11, 305 f.

Es steht schlimm: mancher meinte zu lügen und traf da erst die Wahrheit. Wie? Es ist Alles Schein? Es ist Alles Lüge? Ach, meine Freunde! Wohin ist das Gute und die Guten! Wohin ist die Unschuld dieser Lügen! Wer nicht lügen kann, wissentlich und willentlich, wie sollte der je lernen, Wahrheit reden!
N, KSA, 11, 334 f.

Daß ich endlich für meinen Hausgebrauch die Maxime machte: »es ist indiscret, über Menschen nicht zu lügen«.
N, KSA, 11, 496

Es ist ein langes Unglück, daß dieser Rée, ein Lügner und schleichender Verleumder von Grund aus, mir über den Lebensweg gelaufen ist.
An Malwida von Meysenbug, Juli 1883

Ja, sagte er ein ander Mal, es könnte kommen, daß irgendwann ein anständiger Mensch seine ganze Moral in Einen Satz faßt: du sollst – lügen! Mein Herr, Sie sollen unbedingt und jeder Zeit lügen! Oder aber, auch Sie sind, was schon alle Welt ist, – »öffentlich«! – Das war seine geheime Meinung über den Geschmack unseres Jahrhunderts.
N, KSA, 11, 546

Jahrmarkts-Geschmacke ... daß jeder mit tiefster Untertänigkeit vor der größten aller Lügen – diese Lüge heißt »Gleichheit der Menschen« – auf dem Bauche liegt, und ehrt ausschließlich die *gleichmachenden, gleichstellenden* Tugenden.
N, KSA, 11, 589

Es wäre Zeit, daß sich endlich wieder ein Regenbogen über dies Land ausspannte; irgend eine bunte schöne Lügen-Brücke, auf der nur Geister, sehr freie, sehr luftige lustige Geister wandeln können.
N, KSA, 11, 659f.

Meine Schwester reduciert ein so reiches und originales Geschöpf [wie Lou Andreas-Salomé] auf ›Lüge und Sinnlichkeit‹ – sie sieht in Dr. Rée und ihr nichts weiter als 2 ›Lumpen‹.
An Malwida von Meysenbug, Mai 1884

»Du sollst nicht lügen«: man fordert Wahrhaftigkeit. Aber die Anerkennung des Tatsächlichen (das Sich-nicht-belügen-lassen) ist gerade bei den Lügnern am größten gewesen: sie erkannten eben auch das *Un*tatsächliche dieser populären ›Wahrhaftigkeit‹. [...] (Der ›Mächtige lügt immer‹) Überdies ist Lügen sehr anstrengend.
N, KSA, 12, 273 f.

Die großen **Lügen** in der Historie: als ob es die *Verderbnis* des Heidentums gewesen wäre, die dem Christentum die Bahn gemacht habe! – als ob die *Verderbnis der Kirche* die *Ursache* der Reformation gewesen sei; nur der Vorwand, die Selbstvorlügnerei seitens ihrer Agitatoren. – die lügnerische Auslegung der Worte, Gebärden und Zustände *Sterbender.*
N, KSA, 12, 347 f.

Der Haß gegen die Lüge und die Verstellung aus *Stolz*, aus einem reizbaren Ehrbegriff; aber es gibt einen solchen Haß auch aus Feigheit: weil Lüge verboten ist. – Bei einer *anderen* Art Mensch hilft alles Moralisieren »du sollst nicht lügen« nichts gegen den Instinkt, welcher der Lüge beständig bedarf: Zeugnis das *neue Testament*.
N, KSA, 13, 55

Du sollst nicht fluchen. Du sollst nicht zaubern. Du sollst keine Rache üben. Du sollst nicht lügen (– denn daß eine Sache, bloß deshalb, weil sie für wahr gehalten wird, die Gefälligkeit hätte, zur Wahrheit zu werden, ist eine Lüge: man erlebt die demonstratio ad absurdum jeden Tag zu drei Malen –).
N, KSA, 13, 127f.

Katastrophe: ob nicht die Lüge etwas Göttliches ist ... ob nicht gerade das *Lügen und Falschmachen* (Umfälschen) das Sinn-Einlegen ein Wert, ein Sinn, ein Zweck ist, ob man nicht an Gott glauben sollte, nicht weil er wahr ist (*sondern weil er falsch –?*).
N, KSA, 13, 139f.

Und jedenfalls lügt man gut, wenn man liebt, vor sich und über sich: man scheint sich transfiguriert, stärker, reicher, vollkommener, [...] – Kunst somit, sublim zweckmäßig auch noch darin, daß sie lügt ... Aber wir würden irren, bei ihrer Kraft zu lügen stehen zu bleiben: sie tut mehr als bloß imaginieren, sie verschiebt selbst die Werte.
N, KSA, 13, 299

Was macht es, daß ein Lügner uns einen Irrtum für eine Wahrheit verkauft? Seine ›praktische Vernunft‹ (– sein Vorteil, populärer geredet).
N, KSA, 13, 343

Eine doppelte Mauer ... 1) die *Offenbarung* 2) die *Tradition*. Beides sind *heilige Lügen*: der intelligente Stand der sie erfindet, versteht sie so gut als Plato sie verstand.
N, KSA, 13, 390

Sobald wir selbst die Moral *absolut* nehmen und z. B. *das Verbot der Lüge* im religiösen Verstande, so wird die ganze Geschichte der Moral, wie die der Politik, eine Nichtswürdigkeit. Wir leben von *Lügen* und *Falschmünzereien* – die herrschenden Stände haben immer gelogen.
N, KSA, 13, 445

Genau gesprochen, mit einem thüringischen Charakter im Leibe kommt es Unser Einem auf eine Handvoll Lügen nicht an, sofern es sich nämlich um eine Gefälligkeit handelt;
An Franziska Nietzsche, 26. Oktober 1886

»Was gut macht, muß gut sein; was gut ist, kann nicht lügen« – so schließen sie unerbittlich –: »was gute Früchte trägt, das muß folglich wahr sein: es gibt kein anderes Kriterium der Wahrheit« ...
N, KSA, 13, 452

Auf die Gefahr hin, den Herren Antisemiten einen »gutbemessenen« Tritt zu versetzen, bekenne ich, daß die Kunst zu lügen, das »unbewußte« Ausstrecken langer, allzulanger Finger, das *Verschlucken* fremden Eigentums mir an jedem Antisemiten bisher handgreiflicher erschienen als an irgend welchem Juden. Ein Antisemit stiehlt immer, lügt immer – er kann gar nicht anders ...
N, KSA, 13, 611

In einem falschen Milieu leben und seiner Lebensaufgabe ausweichen, wie ich es tat, solange ich Philologe und Universitätslehrer war, richtet mich physisch unfehlbar zugrunde.
An Franz Overbeck, 14. Juli 1886

Was ich den Deutschen am wenigsten vergebe, das ist, daß sie nicht *wissen*, was sie tun ... lügen. Der Lügner der weiß, daß er lügt, ist gegen einen Deutschen gemessen, tugendhaft ...
N, KSA, 13, 638

Man hat sie [Malwida von Meysenbug] immer mitreden lassen und, wie mir scheint, hat ihr Niemand gesagt, daß sie mit jedem Satze nicht nur irrt, sondern *lügt* ... Das machen ja die ›schönen Seelen‹ so, die die Realität nicht sehen *dürfen*. ... Ich schrieb ihr darauf, daß Zarathustra die Guten und Gerechten abschaffen wolle, weil sie immer *lügen*.
An Meta von Salis, 14. November 1888

Sehr curios! Ich verstehe seit 4 Wochen meine eigenen Schriften, – mehr noch, ich schätze sie. Allen Ernstes, ich habe nie gewußt, was sie bedeuten; ich würde lügen, wenn ich sagen wollte, den Zarathustra ausgenommen, daß sie mir imponiert hätten.
An Peter Gast, 22. Dezember 1888

Die Lüge ist, wenn nicht die Mutter, so doch die Amme der Güte.
MR, Nr. 248

Anhang

Die Lüge als schöne Kunst betrachtet
Nachwort

wir fühlen ein Bild der Wahrheit und besitzen nur die Lüge;
wir sind unfähig des absoluten Nicht-Wissens und der sicheren Erkenntnis.
Blaise Pascal, Pensées, Nr. 434

»So wie ich über moralische Dinge denke«, notiert Nietzsche im Sommer 1884, »bin ich zu langem Stillschweigen verurtheilt gewesen. Meine Schriften enthalten diesen und jenen Wink; ich selber stand kühner dazu.«[1] Und als exemplarische *pro memoria* jener geistigen Freiheit verweist er auf einen juvenilen Text von 1873, *Über Wahrheit und Lüge im außermoralischen Sinne*, der zu seinen Lebzeiten unveröffentlicht geblieben ist.

Wie weit sich Nietzsches ›kühnes‹, ja gefährliches Denken vom politisch korrekten Denken seiner Zeit schon mit diesen Überlegungen zur Lüge entfernt hat, macht ein Blick auf die zeitgenössische Literatur in Deutschland deutlich, in der Abscheu und Warnung vor der Lüge als dem schlechthin Bösen dominierten. Die volkspädagogische Haltung zu diesem Phänomen wurde maßgeblich von dem Handbuch *Die Lüge* (1834) des Leipziger Psychiaters und Philosophieprofessors Johann Christian August Heinroth geprägt. »Die Lüge«, so erklärte Heinroth, »steht da als ein Widerspruch mit unserer ganzen Natur«[2]. Sie sei das Grundrätsel unserer Existenz, weder psychologisch noch anthropologisch zu erklären. Der Grund »aller Lüge ist also das menschliche

1 F. Nietzsche, Nachgelassene Fragmente, KSA, Bd. 11, S. 248f. Gerade seine frühe Selbstverständigung über Wahrheit und Lüge gilt diesbezüglich als »äußerst wichtige Abhandlung« (Werner Liebmann, Nietzsche für und gegen Vaihinger, München 1923, S. 57).
2 Johann Christian August Heinroth, Die Lüge, Leipzig 1834, S. 441.

Selbst; denn das Selbst ist in seiner innersten Tiefe Begehrungsvermögen oder begehrendes Wesen.«[3] Die Folge davon ist, daß dieses *Selbst*, also der Mensch, lebenslang in ein stabiles Gehäuse der Zucht hineingehört. Auch der Gymnasialrektor Julius Ritter (in Leer) warnte (1863) in einer Preisschrift des Königlichen Schulkollegiums der Provinz Brandenburg vor der Lüge als »dem Streben des Subjekts sich als alleiniges Gesetz der persönlichen Thätigkeit geltend zu machen«.[4]

Um in dieser geistigen Situation neue Horizonte des Verstehens zu eröffnen, bedurfte es also eines *freien Geistes*, eines Geistes, »welcher anders denkt, als man von ihm auf Grund seiner Herkunft, Umgebung, seines Standes und Amtes oder auf Grund der herrschenden Zeitansichten erwartet«.[5]

I.

Nietzsche bewahrte sich seinen ›kalten Blick‹ auf einen sehr augenfälligen Sachverhalt, nämlich den, daß Lügen ganz offensichtlich einen überraschend vorteilhaften Platz im Alltag des Lebens einnehmen. Denn, so schlußfolgert er: »Willst du die Lüge sehen, blicke der Wahrheit ins Auge.«[6] Mit der Lüge markieren wir demnach keineswegs eine ausschließlich dunkle Region in uns, gewissermaßen nur etwas von der ›Rückseite‹ des Menschen: Das Lügen – das heißt, die Fähigkeit zu täuschen, mit und ohne Worte, ja sogar mit der Wahrheit zu täuschen – ist eine der ›Zellformen‹ menschlicher Existenz (freilich zugleich auch Ausdruck der Not jeder menschlichen Existenz). Man kann sein Menschenleben nur dann halbwegs lebenswert führen, wenn man sich mit

3 Ebd., S. 140.
4 Julius Ritter, Die Lüge nach ihrem Wesen und ihrer pädagogischen Behandlung, Leer 1863, S. 9.
5 F. Nietzsche, Menschliches, Allzumenschliches, KSA, Bd. 2, S. 189.
6 Stanislaw Jerzy Lec, Alle unfrisierten Gedanken, hg. v. Karl Dedecius, München 1991, S. 253.

einem Paradoxon abzufinden weiß: Mit der Lüge nicht leben zu können und zugleich nicht ohne sie.

Lügen weisen eine Doppelnatur auf. Sie versuchen gleichermaßen, Lebendiges zu bewahren, wie sie es tendenziell auch zu zerstören in der Lage sind. Diese ›Doppelnatur‹ der Lüge macht es unmöglich, sie – mit einem Begriff von Max Weber – *gesinnungsethisch* zu verwerfen. »La possibilité du mensonge est donnée avec la conscience elle-même, dont elle mesure ensemble la grandeur et la bassesse.«[7]

Wir sollten der Lüge also durchaus *verantwortungsethisch* Raum lassen; und (um unser Gewissen ›rein‹ zu halten) wollen wir aber gleichzeitig auch alle ihre guten Gründe zu falsifizieren suchen. Um dieses Paradox auszuhalten, stehen uns mental verschiedene kompensatorische Praktiken zur Verfügung – Metaphorik, Metonymie und Ironie. Kurz: Mit Lügen kann man Leben bewahren, das heißt mit Lügen (und gelegentlich nur mit Lügen) kann man erfolgreich Eigeninteressen realisieren. Denn Leben (beziehungsweise erfolgreich Handeln) bedeutet ja auch, Täuschungskapazitäten entfalten zu können, um – zum Beispiel – fremden Täuschungen parieren zu können. Das Erkennen von Lügen und das Entäußern von Lügen sind folglich zwei ganz verschiedene Dinge. Jenes ist ein unbedingtes Erfordernis des Verstehens, dieses bloß ein bedingungsvolles Gebot der Klugheit.

II.

Was nun geschieht ordnungsphilosophisch indem wir lügen? Wir können für den Moment Unübersichtlichkeiten übersichtlich machen, ihre Dimensionen reduzieren. Der erfolgreich Lügende entwirft in konkurrierender Absicht temporäre *neue Lebenswelten* – für andere, aber auch für sich selbst! Wer weniger zum

7 Vladimir Jankélévitch, Du Mensonge, in: ders., Philosophie morale, Paris 1998, S. 213.

Täuschen (Lügen) in der Lage ist, der wird weniger selbstbestimmt leben. Das heißt in der Konsequenz: man ist, ohne zu lügen, kein selbstbestimmtes, sich selbst erhalten könnendes Wesen, denn man hat dann die nötige Distanz zu fremdem Wollen verloren. *Handeln* und *lügen* wären damit – schrecklicher Gedanke – fast nur zwei Modi der gleichen Konfiguration, des Lebens nämlich. »Denn was ist Lügen anderes als der Nützlichkeit wegen denken.«[8] Jenes ist seine gewissermaßen *ideale* Dimension, dieses seine *reale* Dimension. Als Zeugen für diesen ›kalten‹ Blick auf die Vernunft der Lüge muß man nicht unbedingt Voltaire aufrufen (die Lüge sei eine hohe Tugend, wenn sie Gutes tut), es genügt, den deutschen Juristen Rudolf von Ihring zu erwähnen mit seiner Vermutung, es gäbe hinreichend Situationen des guten Zwecks, »der das Abgehen von der Wahrheit nicht bloß rechtfertigt, sondern zur Pflicht macht«[9]. Auch Nietzsches Philosophie der Lüge findet ihren symbolischen Platz in der Differenz zwischen Lebendigem und Vernünftigem. Und gerade mit ihm wollen wir, wenn schon nicht die Lüge leben, so doch versuchen, *die Lüge zu denken*.

III.

Daß wir ein moralphilosophisch geradezu unerbittliches Problem mit der Lüge haben, verdanken wir – gläubigen wie ungläubigen – Christenmenschen dem strengen Aurelius Augustinus. Seinem apodiktischen Zeugnis nach steht fest, »daß man

8 José Ortega y Gasset, Die öffentliche Meinung, in: ders., Gesammelte Werke, Bd. 5, Stuttgart 1978, S. 82.

9 Rudolf von Ihring, Der Zweck im Recht, Leipzig 1905, Bd. 2, S. 481. Und an gleicher Stelle: »Nicht die Wahrheit ist das Ursprüngliche gewesen, sondern die Lüge.« Oder verschärft im Bezug auf Nietzsche: »Lügen *müssen*, eine Maske tragen *müssen*, um in der Welt zu bestehen, um Ruhm zu gewinnen, das war das eine Problem.« (Werner Ross, Der ängstliche Adler, München 1984, S. 377).

schlechthin niemals lügen darf! Jede Lüge ist eine Sünde«.[10] – Die Griechen vor ihm hatten diesbezüglich viel weniger Probleme. Ihre großen Lügner werden in den literarischen Zeugnissen, die zugleich den Anfang unserer abendländischen Kulturgeschichte ausmachen, augenscheinlich favorisiert: Der größere Held jener Erzählungen ist der listenreiche Odysseus und nicht der lautere Achill. Und wir bewundern natürlich auch Sinon, den neben Odysseus wohl größten Lügner im griechischen Heerlager vor Troja, der es – als eine Art früher *undercover agent* – vermochte, den belagerten Trojanern die Geschichte von dem hölzernen Pferd vor ihrer Tür als einem Weihegeschenk von Pallas Athene einzureden. Die Lüge ist also eine mentale Form des Überlebenskampfes; sie ist im Grunde genommen nur eine intelligent gewordene Form von Macht und Gewalt. Man schlägt dem anderen nicht auf die Nase, man führt ihn an der Nase herum. Von daher ist es nicht weit zu der Einsicht, daß die Lüge, daß das Vermögen zu täuschen, eine schlechthin unentbehrliche Triebfeder der Evolution und ein Zeichen sozialer Intelligenz ist. Und so sollte die Lüge künftighin als *soziale Kraft* begriffen werden. Denn es gehört unstrittig zur alltäglichen Kommunikation, daß wir stets – was immer wir auch zu sagen haben – etwas überformen, das heißt: etwas übertreiben oder untertreiben, ›frisieren‹, im Sinne der sozialen Erwünschtheit aufbauschen, kurz: daß wir Sachverhalte ›schönen‹, damit, was wir sagen, angenehmer wird, damit es die Personen, auf die es uns momentan ankommt, nicht verletzt. Insofern sind Abweichungen von der ›reinen‹, ›nackten‹ Wahrheit in der Regel nicht negativ motiviert. Das trifft exemplarisch zu auf den Arzt, der den Patienten nicht gleich mit dem factum brutum konfrontiert, oder auch auf den Pädagogen, dessen Erziehungsprogramm wohl scheitern müßte, wenn er immer nur die reine Wahrheit proklamieren wollte. Und so ist der Großteil

10 Aurelius Augustinus, Die Lüge, hg. v. Peter Keseling, Würzburg 1953, S. 58.

alltäglicher Abweichungen von der Wahrheit in der Tat nicht asozial, sondern gerade pro-sozial motiviert. Vom sogenannten ›Wahrheits‹- oder ›Moralfanatiker‹ dagegen bleibt in der alltäglichen, empirischen Wirklichkeit häufig nur der Fanatiker in Erinnerung, der, wenn etwas seiner ›reinen‹ Moral widerstreitet, auch schon – sogar im wahrsten Sinne des Wortes – ›über Leichen geht‹. Dagegen ist der deutsche Satiriker Wilhelm Busch menschenfreundlich, wenn er sagt: *Auch lob ich mir die Höflichkeit / Das zierliche Betrügen / Du weißt Bescheid, ich weiß Bescheid / Und allen macht's Vergnügen.* Diese Art Lüge ›vergiftet‹ nicht etwa menschliche Beziehungen, sondern sie ›schafft‹ geradezu erst neue soziale Wirklichkeiten. Dieses Erzeugen von neuen Wirklichkeitssegmenten macht unter anderem den positiven Sinn von Lüge aus.

Nietzsche will uns begreifbar machen, daß dem Lügen eine performative Kraft zur Erzeugung von ›Gegen-Welten‹ innewohnt. Die Lüge ist weder prinzipiell böse, noch prinzipiell gut. Sie ist einfach eine soziale Handlung. Und die kann man eben nicht ›an sich‹ beurteilen. Man kann solche Handlungen nur in dem sozialen Zusammenhang bewerten, in dem sie geschehen. Diese *performativ* genannte Verfahrensweise meint beispielsweise folgendes: Wenn wir einem Menschen begegnen und das Zusammentreffen mit ihm freundlich gestalten wollen, dann werden wir ihm irgend etwas Nettes sagen. Sehr wahrscheinlich dürfen wir mit einer freundlichen Erwiderung rechnen. Kommt sie wirklich zustande, so hat meine positive Eröffnung genau das bewirkt, was angestrebt war. Unsere mitmenschlichen Verkehrsformen sind voller solcher performativer Konfigurationen. Die Lüge ist nur eine davon. Auch im Zusammenhang von Lüge und Liebe kann man sehr eindrucksvoll dieses performative Erzeugen einer anderen, einer *Gegen-Welt* im anderen und in sich selbst beobachten. Das klingt zunächst verwirrend, weil man dazu neigt, zu meinen, gerade die Liebe habe alle Lüge überwunden, sie sei nicht nur keine Lüge, sondern nahezu eine ›höhere‹ Wahrheit. Das stimmt auch. Was durch die performative Kommunikation von Liebenden erzeugt wird, ist eine gewissermaßen von der Erde abgehobene höhere Sphäre. Selbst umgangssprachlich können wir diese neue Welt, die Dritte nicht sehen können, nur metaphorisch beschreiben: sie sei ›rosarot‹ und nur wenn einem ›Flügel wachsen‹ würden, könne man dahin gelangen etc. Diese fragile Gegen-Welt ist im selben Maße lebensbeflügelnd – man ist im ›siebenten Himmel‹ –, wie sie zugleich auch lebensfeindlich ist. In dem Sinne nämlich, daß sie die triste Alltagswirklichkeit kaum aushält … Die imaginative Logik ihrer Protagonisten – »herumsteigend auf lügnerischen Wortbrücken, auf Lügen-Regenbogen zwischen falschen Himmeln herumschweifend«[11] –, kennt genau zwei Wahrheitswerte: Täuschung und Enttäuschung.

IV.

Nun ist aber auch der Fall denkbar, daß man aus jener Täuschungslogik gar nicht mehr herausfindet, daß man von den eigenen Täuschungen überwältigt wird. Die mentale Verfassung dabei wird mit dem Nietzsche-Begriff *Ressentiment* bestimmt. Das Ressentiment ist, mit den Worten Max Schelers, »eine *seelische Selbstvergiftung*«[12]. Aus ihm erwächst für das Problem der Lüge ein besonders bizarrer Sachverhalt. Ressentiments, wie beispielsweise Rache, Bosheit oder Neid, sind sehr tiefsitzende Gefühle. Sie führen, wieder in den Worten von Scheler, zur *Werttäuschung*. Der von ihr Betroffene lebt mit einem ›dunklen‹ Bewußtsein in einer unechten Scheinwelt, »ohne Macht, durch sie hindurchzudringen und zu sehen, was *ist*«[13]. Ein auch in der

11 F. Nietzsche, Gedichte, Leipzig 1923, S. 32.
12 Max Scheler, Vom Umsturz der Werte, Bern 1955, S. 38.
13 Ebd., S. 51.

Gegenwart beobachtbarer Menschentypus dieser Seelenverfassung ist der *Apostat*, der seine ehemaligen Weltansichten aggressiv negierende Glaubensverleugner. Doch sind nicht alle Menschen, die ihre religiösen oder politischen Überzeugungen im Laufe ihres Lebens verändern, auch radikal verändern, mit diesem Begriff des Apostaten zutreffend beschrieben. Ein Apostat ist vielmehr auch jener sich wandelnde und verändernde Mensch, den dabei nicht so sehr seine neuen Überzeugungen interessieren und erfreuen, sondern der eindimensional »nur *im Kampf* gegen die alten und um deren Negation willen lebt«[14]. Sein ressentiment-geladenes Leben (verursacht unter anderem durch enttäuschte Erwartung, Beleidigung oder eigenes Unvermögen) ist dann eine Kette von Racheakten an seinem geistigen oder gesellschaftlichen Herkommen. Der Mensch des Ressentiments polt traditionelle Wertbestände um, er erleidet (und erliegt) Täuschungen des Wertfühlens. Das zumeist obsessive Umdeuten, Umwerten, ja auch ›Fälschung der Werttafeln‹ (Nietzsche) ist nun aber, so die Einsicht der nietzscheanischen Lügentheorie, nicht als ein bewußtes Lügen zu verstehen. Für diese sehr gesteigerten, intensivierten Täuschungen findet Max Scheler den eindringlichen Begriff der *»organischen Verlogenheit«*[15]. Hierbei erfolgt die Täuschung nicht so sehr im Bewußtsein, wie bei der gewöhnlichen Lüge, sondern sie ist eine besondere Erlebnis- und Bildungsweise von Vorstellungen und Wertefühlen überhaupt. ›Organische Verlogenheit‹ ist überall da gegeben, wo Menschen nur unter der Maßgabe von Abwehr, Distinktion und Vorurteil leben können. Die Pointe bei diesem Lügentypus: »Wer *verlogen* ist, braucht nicht mehr zu lügen!«[16]

14 Ebd., S. 57.
15 Ebd., S. 67.
16 Ebd., S. 67.

V.

Bei dieser Verfassung von Verlogenheit nun erhebt sich ein weiteres Problem, über das bis heute kontrovers nachgedacht wird. Es wird begleitet von der Frage: Wie sind Selbsttäuschungen überhaupt denkbar? Und: Kann man Selbsttäuschungen (denen wir ohne Zweifel unterliegen) mit dem Modell der Lüge überhaupt beschreiben? Denn das seit Augustinus entscheidende Kriterium für die Lüge ist die *Täuschungsabsicht* (voluntas ad fallendum). Jean-Paul Sartre hat dies auf den Punkt gebracht, als er bemerkte: »Das Wesen der Lüge impliziert ja, daß der Lügner über die Wahrheit, die er entstellt, vollständig im Bilde ist. Man lügt nicht über das, was man nicht weiß, man lügt nicht, wenn man einen Irrtum verbreitet, dem man selbst erliegt.«[17] Wer aber täuscht wen im Fall der Selbstlüge? Ist die Selbstlüge überhaupt *als Lüge* zu retten? Sartre versucht das Problem, daß in der Selbstlüge die Dualität von Lügner und Belogenem aufgehoben ist, aufzulösen, indem er für Unterscheidungen in der Innenstruktur des Bewußtseins auf Denkformen der Psychoanalyse zurückgreift. Der Psychoanalyse zufolge würde das *Es* den Part des Lügners und das *Ich* den des Belogenen vertreten. Damit wäre das *Ich* zwar der Belogene, nicht aber auch der Lügner. Der Begriff der Selbsttäuschung ist folglich strenggenommen leer! Sartre will dementsprechend terminologisch lieber von *Unaufrichtigkeit* (mauvaise foi) als von Selbstlüge sprechen.

Auch eine andere, gegenwärtig unter anderem von Donald Davidson unternommene Beschreibung des Problems der Selbsttäuschung versucht ganz ohne das alte Lügenmodell auszukommen. Die Überlegung zielt hier darauf, daß sich der ›Selbsttäuscher‹ lediglich in der Bewertung einer Hypothese irrt;

17 Jean-Paul Sartre, Das Sein und das Nichts, Hamburg 1993, S. 120. Zur *Selbsttäuschung* als Grundthema Nietzsches vgl. auch: Ludwig Klages, Die psychologischen Errungenschaften Nietzsches, Bonn 1958, S. 29-62.

er über- oder unterschätzt bestimmte Belege, die bestimmte Vermutungen stützen und bestätigen. Ein Beispiel[18]: In einem Film von Billy Wilder legt ein Detektiv dem Ehemann Stück um Stück photographische Beweise für die Untreue seiner Frau vor. Das letzte Bild zeigt, wie sie mit dem Geliebten unter der Bettdecke verschwindet. Kommentar des Ehemanns: ›Oh diese schreckliche Ungewißheit‹. Wenn der ›gehörnte‹ Ehemann – als Selbsttäuscher – auch jetzt noch immer an die Treue seiner Frau glaubt, so ist diese Fehlleistung Resultat zweier mentaler Prozesse: erstens bewertet er externe Belege falsch, und zweitens ist intern in ihm der Wunsch dominant, seine ursprüngliche Überzeugung von der Treue seiner Frau möge richtig sein.

Was wir Selbsttäuschung genannt hatten, ist also im Grunde nichts mehr als dieser starke Wunsch (eine *selbstinduzierte Täuschung*), verbunden mit einer deutlichen Fehlbewertung relevanter Daten. Zweifellos gibt es – als ein anthropologisches Essential – eine unstillbare Sehnsucht nach Wahrheit und eine innere Verachtung der Lüge, obwohl wir ohne die Lüge kaum mit anderen leben könnten. Als ein Drittes, ein ›Mittleres‹ zwischen Lüge und Wahrheit, könnte man vielleicht den Dialog, den Diskurs, bestimmen. So daß im unbestimmten – auch paradoxen und ironischen – Miteinanderreden etwas immer momentan Lebbares sich herausbilden könnte, das in bestimmter Weise sogar Verläßlichkeit, Freundlichkeit und Überschaubarkeit gewährleisten würde – nicht ein für allemal natürlich, sondern nur für die konkrete Situation. »La cause fondamentale du mensonge est le manque de génerosité, et la génerosité seule, parce qu'elle est la source de l'existence retrouvée, nous fera innocents et transparents comme au premier matin du monde.«[19]

18 Den Hinweis darauf verdanke ich dem Vortrag *Lüge und Selbsttäuschung* von Herrn Dr. Thomas Keutner vom Institut für Philosophie der FernUniversität Hagen, 1994.
19 Vladimir Jankélévitch, Du Mensonge, a. a. O., S. 239.

VI.

Nietzsche hat mit seiner Schrift *Über Wahrheit und Lüge im außermoralischen Sinne* »all den bangen Zweifeln, die die Wahrheit suchende Menschenseele quälen [neuen] Ausdruck gegeben. Ein neues Licht strömt von hier aus auf seine anderen Werke aus«[20]. Vor allem seine Arbeiten zur Philosophiekritik, wie *Schopenhauer als Erzieher* (1874) und *Die fröhliche Wissenschaft* (1882), sowie zur Kritik von Vorurteilen und Ressentiments, wie *Morgenröte* (1880) und *Jenseits von Gut und Böse* (1886), erreichen durch ihre neue Sicht auf Fiktionen, Illusionen, Metaphern und Metonyme eine ganz neue begriffs-, wissens- und wertekritische Tiefenschärfe. Auch das methodische Instrumentarium der Philosophie wird in ihnen von Nietzsche fundamental neu bestimmt. Mit seiner Infragestellung von lange als selbstverständlich geltenden kategorialen oder moralischen Grundformen im Reden und in den Motiven des Handelns, die auf einen Prozeß kultureller Selbstauflösung hinauszulaufen schienen, hat Nietzsche eine enorme, politisch allerdings gar nicht lenkbare, gesellschafts- und zeitkritische Bewegung in Kunst, Literatur und Philosophie befördert.

Dieser kritische Impuls löste zunächst wohl Überraschendes aus, aber er bewahrt uns nicht vor Überraschungen. Denn, und das hat Nietzsche als später – allzu später – Aufklärer scharfsinnig und dialektisch beschrieben, in diesem Massiv von Kritik stoßen wir, anders als erwartet, weniger auf ein Pathos der Wahrheit als auf eine nahezu enzyklopädische Rhetorik der Täuschungen.

20 Rudolf Steiner an Elisabeth Förster-Nietzsche, v. 24. Oct. 1895, in: Rudolf Steiner und das Nietzsche-Archiv, hg. v. D. Marc Hoffmann, Dornach 1993, S. 112.

Textanmerkungen

10 *Lessings Sohn:* Um die Flüchtigkeit der Begriffsform des kognitiven Erkennens zu beschreiben, nimmt Nietzsche hier metaphorisch den schwarzen Humor Lessings auf, der den Tod seines Sohnes im Kindbett so kommentierte: »War es nicht Verstand, daß man ihn mit eisernen Zangen auf die Welt ziehen mußte? daß er so bald Unrath merkte? – War es nicht Verstand, daß er die erste Gelegenheit ergriff, sich wieder davon zu machen?« (Lessing an Johann Jacob Eschenburg, 3. Januar 1778, in: Gotthold Ephraim Lessing, Briefwechsel, 1. Bd., Karlsruhe 1824, S. 58)

14 *Chladnische Klangfiguren:* Experiment in der romantischen Naturphilosophie, bei dem akustische und chemische Prozesse miteinander in Wechselwirkung treten. Vgl. Johann Wilhelm Ritter, Fragmente aus dem Nachlasse eines jungen Physikers [1810], hg. v. Birgit und Steffen Dietzsch, Leipzig 1984, S. 267f.

17 *römisches Columbarium:* (eigtl.) Taubenschlag. – Im antiken Rom Begräbnisstätte für Sklaven bzw. Freigelassene. (vgl. Franzisco Gori, Columbarii Libertorum et Servorum Liviae Augustae et Caesarum, adj. notis A.M. Sulvini, Firenze 1727).

18 *Siehe, ein Säugetier:* Früheste Formel des ›Ecce‹-Topos bei Nietzsche.

24 *sagt Pascal:* »Und wenn ein Künstler sicher wäre, alle Nächte zwölf Stunden lang zu träumen, er sei König, so würde er, glaube ich, ebenso glücklich sein, wie ein König, der alle Nächte zwölf Stunden lang träumte, er sei Künstler.« (Blaise Pascal, Pensées, ed. Ludvig Brunschvicg, Paris 1933, Nr. 386)
Pisistratus: Sohn des Nestor auf Pylos; vgl. Odyssee (Kapitel »Odysseus' Heimkehr«, 3. Gesang).

35 *Swift sagt:* »Die Falschheit fliegt, und die Wahrheit kommt hinterhergehinkt.« (Jonathan Swift, Über die Kunst der politischen Lüge, in: ders., Gedanken und Essays, herausgege-

ben von Walter Freisburger, Dessau / Leipzig 1940, S. 53).

36 *Lügenfabrikate:* Gemeint sind sogenannte moderne Theorien, bei denen nur »wieder ein Stück jenes Optimismus mit Händen zu greifen ist, der unter den wunderlichsten Formen, bald als Socialismus, bald als Todtenverbrennung – nicht Begrabung, bald als Pflanzenkostlehre und unter unzähligen Formen immer wieder auftaucht: als ob nämlich mit Beseitigung einer sündhaft-unnatürlichen Erscheinung das Glück und die Harmonie hergestellt sei.« (Nietzsche an Carl von Gersdorff, 28. September 1869. KSB, Bd. 3, S. 58)

Arria: Frau des Caecina Paëtus.

Paete, non dolet: Schmachtend und zärtlichen Blicks empfindet sie keinen Schmerz. Vgl. Martial, Epigramme I, 13, 3-4: *Si qua fides, volnus quod feci non dolet, inquit, / sed tu quod facie, hoc mihi, Paete, dolet.* Nietzsche gebraucht diese Sequenz auch polemisch gegen Eduard von Hartmann (vgl. KSA, Bd. 11, S. 532f.).

39 *Lanzky:* Paul Lanzky; Nietzsche schreibt (an Köselitz, 5. März 1884), er sei in das mittelitalienische »Vallombrosa eingeladen, von einem Herrn Paul Lanzky, der Mitbesitzer des dortigen Hôtels ist und sich mir gewissermaßen zu Gebote gestellt hat. Er ist unabhängig, mehr Pessimist noch als Skeptiker« (KSB, 6, 483). Werke: *Abendröte. Psychologische Betrachtungen* (1888), *Auf Dionysospfaden* (1895), *Amor fati* (1904).

48 *Manu-Gesetzbuch:* Altindische, in Sanskrit verfaßte Texte eines mythischen Stammvaters der Menschheit; die ältesten sind auf ca. 1200 v. u. Z. datiert. Vgl. dazu: The Laws of Manu, hg. v. Georg Bühler, London 1886; Theodor Aufrecht, Die Hymnen des Rigveda, 2 Bde., Berlin 1955; Älteste indische Dichtung und Prosa, hg. v. Karl Mylius, Leipzig 1981; Ludo

Rocher, *Manu* (Lexikon-Artikel) in: Encyclopaedy of Religions, London / New York 1993, Bd. 9, S. 178.

49 *Fouillée:* Alfred Fouillée (1838 in La Pouëze – 1912 in Lyon); Philosophielehrer an der Ècole normale 1872-1875; Universitäts-Professor an der Sorbonne. Werke u.a.: *Platon* (1869), *Socrate* (1874), *La Science sociale contemporaire* (1880), *L'Avenir de la Métaphysique* (1889); sowie: *Nietzsche et l'Immoralisme* (1902). – Die Bemerkung Nietzsches hier bezieht sich auf die *Critique des Systeme de Morale contemporaire (1883)*.

50 *Hillebrand:* Karl Hillebrand (1829-1884); Historiker; Sekretär Heinrich Heines; *Times*-Korrespondent in Italien; publizierte im *Journal des Débats* und in der *Revue des Deux Mondes*. Einer der prominent ersten zeitgenössischen *deutschen* Intellektuellen, die Nietzsche – seit den frühen Siebzigern – positiv rezensierten. »Unbändige Freude hatte ich über Karl Hillebrand's anonym erschienene ›*Zwölf Briefe eines ästhetischen Ketzers*‹ [1873]; welches Labsal! Lies staune, es ist einer der Unsrigen, einer von der ›Gesellschaft der Hoffenden‹.« (Friedrich Nietzsche an Erwin Rohde, 31. Dezember 1873. KSB, 4, S. 188).

53 *Satz des Aristoteles:* »Das Epos, die Tragödie, die Komödie, die Dithyramben-Dichtung, das meiste des Aulos- und Kitharaspiels sind nachahmende Darstellungen.« (Aristoteles, Poetik, Leipzig 1972, S. 7). Das heißt, Kunst als *Mimesis* hat Natur, zuallererst auch die Natur des Menschen, zur ›Material‹-Basis.

54 *Simonides:* Simonides aus Keos (557-468 v.u.Z.). Einer der bedeutendsten griechischen Lyriker. Nietzsche hat über »Das Danaelied des Simonides« schon in seiner Leipziger Zeit publiziert: vgl. Rheinisches Museum, NF, Bd. XXIII (1868), S. 480ff.

65 *Im Christentum ... Vorübung:* Hier paraphrasiert Nietzsche

Pascal: »Ich sehe die christliche Religion auf eine ihr voraufgehende gegründet, und das halte ich für entscheidend. (Blaise Pascal, Pensées, a.a.O., Nr. 619).

68 *Loën:* August Freiherr von Loën (1828-1887), Theaterintendant in Weimar.

74 *eine Gefälligkeit:* Nietzsche spielt hier auf ein religiöses Gedicht an, das er als Gymnasiast für seinen Naumburger Lehrer Karl Eduard Niese geschrieben hatte (vgl. auch: KSB, Bd. 7, S. 268).

Zu dieser Ausgabe

Die Textgrundlagen dieser Ausgabe sind – bis auf Nachlaß und Korrespondenz – die jeweiligen Erstdrucke.

Über Wahrheit und Lüge im außermoralischen Sinne: Friedrich Nietzsche, Gesamtausgabe. Hg. v. Friedrich Koegel. Carl Georg Naumann Verlag, Bd. X, Nachlaß 1872-1876, hg. v. Friedrich Koegel, Leipzig 1896, S. 159-198.

Abkürzungen:

AC: Der Antichrist (1888, Erstdruck 1904).
DD: Dionysos-Dithyramben (1883).
EH: Ecce Homo (1888, Erstdruck: Insel Verlag 1908).
FW: Die fröhliche Wissenschaft (1882).
GD: Die Götzendämmerung (1888, Erstdruck 1903).
GM: Zur Genealogie der Moral (1887).
GS: Der griechische Staat (1872, Erstdruck 1896).
IM: Idyllen aus Messina (1882).
JGB: Jenseits von Gut und Böse (1886).
MAM: Menschliches-Allzumenschliches (1878/79).
MR: Morgenröte (1880/81).
W: Der Fall Wagner (1888).
WS: Der Wanderer und sein Schatten (1879, als Anhang zu MAM, II. Teil, 2. Abt.).
Z: Also sprach Zarathustra (1883/85).

N: Nachlaß.
KSA: Friedrich Nietzsche. Sämtliche Werke. Kritische Studienausgabe, hg. v. Giorgio Colli und Mazzino Montinari, München 1988.
KSB: Friedrich Nietzsche. Sämtliche Briefe. Kritische Studienausgabe, hg. v. Giorgio Colli und Mazzino Montinari, München 1986.

Abweichungen von heutiger Schreibung wurden, soweit sie lautlich nicht relevant sind, modernisiert; unangetastet blieben die Schreibung von Fremd- und Lehnwörtern sowie die Groß- und Kleinschreibung und die Zeichensetzung.
Eingriffe, Auslassungen oder Zusätze des Herausgebers sind mit [...] gekennzeichnet.

Dank
Für kritische und redaktionelle Hinweise und sachliche Ergänzungen bedanke ich mich herzlich bei Ralf Linvers (Bochum), Heinz Mürmel (Leipzig) und Birgit Kober (Essen). – Ganz besonders verbunden bin ich den Diskussionen im Lehrgebiet von Professor Dr. Kurt Röttgers am Institut für Philosophie der FernUniversität Hagen.

Inhalt